U0142064

華文後殖民文學

本土多元文化的思考

王潤華 著

現代文學研究叢刊

文史哲出版社印行

國家圖書館出版品預行編目資料

華文後殖民文學：本土多元文化的思考 / 王潤
華著. -- 初版. --臺北市 :文史哲, 民 90
　面：　公分. (現代文學研究叢刊；8)
　ISBN 957-549-354-0(平裝)

1.中國文學 - 評論

820.7　　　　　　　　　　　　　90005617

現代文學研究叢刊 ⑧

華文後殖民文學

本土多元文化的思考

著　　者：王　　　潤　　　華
出版者：文　史　哲　出　版　社
登記證字號：行政院新聞局版臺業字五三三七號
發行人：彭　　　正　　　雄
發行所：文　史　哲　出　版　社
印刷者：文　史　哲　出　版　社
　　　　臺北市羅斯福路一段七十二巷四號
　　　　郵政劃撥帳號：一六一八○一七五
　　　　電話 886-2-23511028・傳真 886-2-23965656

實價新臺幣三四○元

中 華 民 國 九 十 年 九 月 初 版

自 序

這本研究世界華文後殖民文學的論文集，不是我的一個研究課題的結束，而只是開始。這代表我開始通過後殖民文學的理論分析結構，去解讀中國、臺灣及東南亞各國的華文文學。這是我的一種興趣、一種研究課題、一種分析方法的開始。

這本論文集最早的一篇論文〈中國最早的後殖民文本：老舍的《小坡的生日》對今日新加坡的後殖民預言〉，寫於1979年，以單篇論文（Occasional Paper）方式，由新加坡南洋大學人文與社會科學研究所出版。同年又以英文改寫，在臺北舉行的第三屆國際比較文學會議上發表，後來收集在我的英文論文集《中國文學比較論文集》（Chinese Literature: A Comparative Approach, Singapore: Singapore University Press, 1988）裡。最後完成的〈邊緣／離散族群華文作家的思考〉是去年（2000年）11月才寫好的，在美國洛杉磯舉行的第四屆世界華文文學大會上宣讀。另一篇《最後的後殖民文學》，則是12月才寫的小文章。所以這本論文集是我從1979至2000年，前後二十一年以來對華文後殖民文學的思考記錄。

其實我開始思考後殖民文學應是在1973年進入新加坡南洋大學中文系教書以後就開始了。我回返南洋之後，就建議與鼓勵我的學生重視本土知識資本，從自己特殊的文化話語（邊緣話語）來解讀，不一定都要服從尤其從中原文化產生的解讀模式。現任南大國立教育學院的林萬菁教授，1976年跟我撰寫碩士論文《

中國作家在新加坡及其影響》（新加坡：萬里書局，1978），
他還記得我說過的話。他在論文出版成書時說：

> 1976年4月初，在王潤華先生建議下，擬定了「中國
> 作家在新加坡及其影響」這個專題研究。王先生覺得在新
> 加坡研究中國文學，最終目標一定要本地化，以新加坡人
> 的立場及眼光，來作爲出發點，這樣比較有收獲，而且有
> 意義。

　　林萬菁在1977年在繁華世界的舊書店買到一本老舍在新加
坡創作的《小坡的生日》（上海晨光版），更難得的是，這本書
的一個印章顯示，它原是老舍在1929－1930年間曾擔任中學中
文教師的華僑中學圖書館的藏書，不知爲何流落到舊書市場。這
本書引發了我研究老舍與後殖民文學的興趣，這是我對華文後殖
民文學研究和思考的第一步。其實我論述老舍與康拉德（Jos-
eph Conrad）的一系列論文集《老舍小說新論》（臺北：東大，
1995；上海：學林，1999），多數與後殖民論述有關。在更早
的時候，我的《從新華文學到世界華文文學》（新加坡：七洋，
1994）一書中的論述，也開始注意東南亞後殖民的文學。

　　我這些論文的撰寫，要特別感謝世界各國許多學術界的志同
道合的朋友的幫忙、催促、鼓勵與交流，如果沒有許多學術機構
主辦的研討會，如果沒有朋友邀請前去講學，相信這些論文都不
會寫出來，永遠停留在我的思考中。〈重新解讀中國現代文學：
本土多元文化的思考〉一文，由於四川大學人文學院院長曹順慶
教授推荐，川大中文系聘我擔任客座教授，並在2000年5月前去
與老師與研究生交流時最早提出的思考，今年爲了2001年港大
中文系紀念創校90周年，趙令揚、單周堯教授邀請我參加〈21
世紀中國學術研究前瞻國際研討會〉，我便正式寫成論文。四川

大學與港大中文系的同行提出的意見，我受益良多。1999年2月，舒乙先生與中國老舍研究會邀請我參加老舍國際學術研討會，我提出〈中國最早的後殖民文學理論與文本：老舍對康拉德熱帶叢林小說的批評及其創作〉，後來講稿部分曾收入《老舍與二十世紀》（天津：天津人民出版社，2000）一書中，感謝編著曾廣燦、范亦豪、關紀新等老舍專家教授的指教。

　　我對魯迅與新馬後殖民文學的研究，發生得很偶然。1999年12月中，東京大學的藤井省三、山口守教授在東大召開東亞魯迅研討會，他特別指定我的論文，對魯迅在新馬的影響作一學術報告。自從我寫了〈從反殖民到殖民者：魯迅與新馬後殖民文學〉一文，我便廣泛深入探討魯迅與新馬的各種課題，包括魯迅與新馬學者林文慶的衝突，魯迅對新馬文學作品的影響。我與一組研究生目前正進行對魯迅與新馬的專題研究，計劃以後能出版一本專論。這是藤井省三與當時我的論文講評人陳國球教授想不到的學術交流的重大反應。

　　我與白先勇1969年在加大（UCSB）認識以後，30多年來，來往甚密，但引以為憾的是，沒有寫過學術論文研討他的小說。1999年11月，廖咸浩、何寄彭、葉國良、梅家玲等教授邀我參加臺灣大學主辦的《文化、認同、社會變遷：戰後五十年臺灣文學國際學術研討會》。我由於正迷戀後殖民理論，因此嘗試以後殖民理論解讀白先勇的小說，出乎意料之外，也很有新的發現，甚獲陳萬益教授的重視。

　　自從我在1994年出版了《從新華文學到世界華文文學》，我知道從後殖民文學理論架構，重新解讀新馬的後殖民文學，將大有可為。1998年杜國清教授在美國加州大學（UCSB）主辦《根與新土：世界華文文學作品中反映的社會與文化變遷》國際研

討會，我提呈論文〈魚尾獅與橡膠樹：新加坡後殖民文學解讀〉。
大馬留臺同學會在1997年11月在吉隆坡舉辦《馬華文學國際學
術研討會》，我發表〈橡膠國內被歷史遺棄的人民記憶：反殖民
主義的民族寓言解讀〉，論文現收入《馬華文學的新解讀》（吉
隆坡：大馬留臺校友總會，1999）論文集中。

　　臺灣的作家學者瘂弦、陳義芝、林水福先生先後請我到臺北
參加《世界華文報副刊學會議》及《飲食文學研討會》，使我有
機會發表〈從戰後新馬華文報紙副刊看華文文學之發展〉（現收
入《世界中文報紙副刊學綜論》（臺北：文建會，1997），及
〈吃榴槤的神話：東南亞華人共同創作的後殖民文本〉（後收入
《趕赴繁華盛放的饗宴》（臺北：時報文化，1999），感謝陳
鵬翔與呂正惠教授等人的講評指教。日本愛知大學的黃英哲、安
部悟教授、立命館大學的小木裕文的邀請講學，還有香港嶺南大
學的梁秉鈞、黃國彬教授邀請我出席現代漢詩會議，促成我〈走
出殖民地的新馬後殖民文學〉的論文撰寫。

　　還有其他論文，都是因為受邀參加學術研討會，而奉命寫成。
沒有這些學術界的朋友，沒有這種學術交流的研討會，我很難想
像自己會將這些論文一篇篇的寫出來。

　　我以〈最後的後殖民文學〉那篇小文章來結束本書，「最後」
不是說最末，而是指最新的意思。老舍的《小坡的生日》是最早
的、最好的後殖民文本，而黎紫書的小說則是最年輕的作家中最
近才出版的，我個人最喜歡的後殖民文本。

　　　　　　　　　　　　　　2001年2月新加坡國立大學中文系

華文後殖民文學

——本土多元文化的思考

目　次

6   華文後殖民文學

重新解讀中國現代文學

──本土多元文化的思考

一、新馬現代漢學的起點與傳統：
跨國界的中國文化視野

　　因爲我自己出生於當時新馬不分的英國殖民地馬來亞（
Malaya），我常常以本地作爲現代漢學（Sinology）的起點而
感到驕傲。英國漢學大師李雅各（James Legge）在1839年被倫
敦的傳教會（London Missionary Society）派遣到馬六甲（
Malacca）的華人傳教會工作，當時他才二十歲。一年後，李雅
各出任馬六甲的英華書院（Anglo-Chinese College）校長，而這
書院在1825年由馬禮遜（Robert Morrison）所創立。馬里遜與
李雅各兩人，都是到了馬六甲，其漢學研究興趣才開始，後來馬
里遜成英國漢學的最早的開拓大師，而李雅各成爲英國牛津大學
首任漢學教授。①他的四書注釋與英文翻譯The Chinese Class-
ics的巨大工作，也是在馬六甲的英華書院開始進行的。②
　　早在十五世紀，鄭和的西洋艦已在馬六甲登陸，所以馬六甲
象徵中國傳統文化向西前進的重要基地，而馬六甲在十六世紀已
成爲葡萄牙的殖民地，更是西方霸權文化向東挺進的重要堡壘。
③因此馬六甲成爲世界上其中最早出現全球性大量移民與多元文
化匯流的地方。馬里遜與李雅各在東西文化交通要道上的中西文
化交流經驗，使他們立志成爲詮釋中國文化的漢學家。李雅各跨

國界的文化視野，就給中國的四書帶來全新的詮釋與世界性的意義。所以馬六甲應該被肯定爲現代漢學研究的一個極重要的起點。

這種突破傳統思考方式，去思考中國文化現象的多元性的漢學傳統，是新加坡與馬來西亞學者探討研究中國文化的重要傳統。④傳統漢學的強點是一門純粹的學術研究，專業性很強，研究深入細緻。過去的漢學家，尤其在西方，多數出身貴族或富裕之家庭，沒有經濟考慮，往往窮畢生精力去徹底研究一個小課題，而且是一些冷僻的，業已消失的文化歷史陳跡，和現實毫無相關。因此傳統的漢學研究在今天，也有其缺點，如研究者不求速效，不問國家大事，所研究的問題沒有現實性與實用性，其研究往往出於奇特冷僻的智性追求，其原動力是純粹趣味。⑤

二、超越中西文明爲典範的詮釋模式：
包容各專業領域的區域研究與中國學

上述這種漢學傳統在西方還在延續發展，我個人的研究方法與精神，由於在新馬出生與長大，在1970年代在美國攻讀高級學位，特別受到其專業精神、研究深入詳盡、不逃避冷僻的學問的傳統訓練影響。我在留學美國期間，美國學術界自二次大戰以來，已開發出一條與西方傳統漢學很不同的研究路向，這種研究中國的新潮流叫中國學（Chinese Studies），它與前面的漢學傳統有許多不同之處，它很強調中國研究與現實有相關，思想性與實用性，強調研究當代中國問題。這種學問希望達致西方瞭解中國，另一方面也希望中國瞭解西方。⑥

中國研究是區域研究（Area Studies）興起的帶動下從邊緣走向主流。區域研究的興起，是因爲專業領域如社會學、政治學、文學的解釋模式基本上是以西方文明爲典範而發展出來的，對其

他文化所碰到的課題涵蓋與詮釋性不夠。對中國文化研究而言，傳統的中國解釋模式因為只用中國文明為典範而演釋出來的理論模式，如性別與文學問題，那是以前任何專業都不可單獨顧及和詮釋。⑦在西方，特別美國，從中國研究到中國文學，甚至縮小到更專業的領域中國現代文學或世界華文文學，都是區域研究與專業研究衝擊下的學術大思潮下產生的多元取向的學術思考與方法，它幫助學者把課題開拓與深化，創新理論與詮釋模式，溝通世界文化。

三、多學科、多方法、多元取向的中國現代文學研究

劉若愚在《中國文學研究在西方的新發展、趨向與前景》⑧一文中指出，在六十至七十年代的西方，尤其在美國，以中國文學作為研究專長的學者日愈增加，使得中國文學研究在1970年代中期已成為一門獨立的學科，不再是附屬於漢學的一部分。學者把自己的專長與研究範圍限於中國文學之內，因此他們願意被看作中國文學專家，而不是漢學家。在劉若愚評析的許多中國文學研究著作中，有三分之一是中國現代文學研究的學術著作，他本人對現代文學毫無興趣，卻有這麼多這類著作出現在他的論文中，清楚的說明中國現代文學研究在西方的發展，幾乎已達到與古典文學研究並駕齊驅的境界，同時也說明它已從漢學脫離，成為一門獨立專門的學科。戈茨（Michael Gotz）的研究報告〈中國現代文學研究在西方的發展〉發表於1976年，比劉若愚的只晚了一年，他的結論指出，在過去二十年間，中國現代文學研究已不再是漢學的一部分，而是一門獨立的學科：

　　　　在過去二十年左右，西方學者對中國現代文學嚴肅認真的研究已大大的發展起來，可以名副其實到了稱為「學

科」（field）的階段。中國現代文學研究已不再是附屬於漢學的一部分，它已經從語言、歷史、考古、文學研究及其他與中國有關的學術研究中脫離，自成一門獨立的學科。⑨

　　中國現代文學研究在西方爲什麼發展得這麼迅速？戈茨的看法很有見地，因爲在第一個發展階段中，許多不同學科的中國專家群，他們原來是研究歷史、社會學、政治學、西洋文學，突然由於環境與生活的需要，紛紛改行研究中國現代文學。在1960年代中成名的學者中，像許介昱，一開始就專攻中國現代文學，從1959年的博士論文《聞一多評傳》開始⑩，一直到1982年逝世時，始終爲現代文學效命。可是他在西南聯大念的是外文系，後來在密芝根大學讀碩士，本行卻是英國文學，因此要找一位從大學到博士的訓練，全是正統中文系出身的，恐怕難於找到。目前我只知道一位，他是柳存仁。他在北大和倫敦大學的學位，全是研究中國文學。雖然他最大的成就在古典領域裡，他對現代文學也有極大的貢獻。⑪

　　在美國第一代的中國現代文學學者中，他們幾乎是從別的學科轉行過來的。像周策縱原是密芝根大學的政治系博士，李田意是耶魯大學歷史系博士，夏志清和柳無忌都是耶魯大學的英文系博士，其他學人像王際眞、陳世驤、夏濟安、盧飛白、施友忠都是英文系出身。這些第一代學人，離開中國時，已有舊學造詣，中國現代文學在親身參與或耳聞目染中，也有基礎，當他們把其他學科的治學方法拿過來研究中國現代文學，則很容易開拓領域，發現新問題。由於從多學科的觀點與方法著手，周策縱的《五四運動史》才能成爲研究現代中國社會、政治、文化、思想和文學的一本重要著作。⑫夏志清的《中國現代小說史》至今仍是研究

比較文學和中國現代文學的權威著作，⑬主要原因是夏志清在研究中國小說之前，已對世界小說理論與著作有研究，這部書實現了海陶緯（James Hightower）的預言：

> 以往從事中國文學的人，多半是對異國文學缺乏深切認識的中國學者。現在我們需要受過特別訓練的學者，通曉最少一種爲眾所知的其他文學的治學方法與技巧，由他們把這些治學方法與技巧應用於中國文學研究上。只有採用這樣的研究方法，中國文學才能得到正確的評價，西方讀者才會心悅誠服地承認中國文學應在世界文壇上占一個不容忽視的地位。⑭

這種趨勢一直發展到今天，雖然像戈茨所說，「學者們愈來愈更加傾向文學分析」⑮，還有不少原來非研究中國現代文學的人，進入這一研究區域，主要是受學科與學科間的科際研究（Interdisciplinary Studies）之學術風尙之影響。這些學者將文學與人類生活上如哲學思想、宗教、歷史、政治、文化銜接起來，給我們帶來廣面性的方法，幫助我們從各種角度來認識文學，使文學研究不再是片斷和孤立的學問，甚至可以將研究中的眞知灼見和結果，文學與非文學的學科互相運用。因此目前美國研究中國現代文學的學者中，仍舊很多這類學者。

由李歐梵編，1985年出版的論文集《魯迅及其遺產》⑯所收集的文章都很專門，所有十一位作者中，竟有六位原來不是專攻純文學的學者：

1. 李歐梵：臺大外文系畢業，先到芝加哥讀國際關係，後來轉哈佛大學專攻中國近代思想史，得碩士及博士學位。
2. 林毓生：芝加哥大學歷史系博士。
3. 亨特（Theodore Huters）：史丹福大學政治系博士。

4.何大衛（David Holm）：耶魯大學東南亞及蘇聯史博士。

5.戈曼（Merle Goldman）：哈佛大學遠東史博士。

6.愛博（Irene Eber）：克爾蒙學院亞洲研究（思想史）
博士。

由此可見中國現代文學研究專家陣容在西方的複雜性。正因
為如此，學術研究課題與方法，就特別的獨特、深入和廣闊。反
觀亞洲，不管在中國大陸、臺灣、日本，就很少打破傳統，以別
的學科的治學方法與觀點來研究中國現代文學。在中國大陸與臺
港，學西洋文學的不少從事中國現代文學研究，在日本，學日本
或西洋文學的也研究中國現代文學，因此帶來很多新創見，不過
他們所學到底還是屬於文學的範圍內，不像美國學者那樣突破學
術研究領域的界限、使得文學研究不再是與別的學科孤立存在的
學問。

跨越科系的早期學人，周策縱便是其中一位，他在進出文學、
思想、歷史、政治之間，為五四運動找到較完整的定義，所以他
的《五四運動史》成為各種科系學者的重要參考著作。李歐梵自
己所走的學歷道路，從外文系到國際關係，再從近代思想史到中
國現代文學與文化研究，正代表跨越科系的學術發展趨勢。他的
著作《浪漫的一代》、《鐵屋子的聲音：魯迅研究》、《中西文
學的徊想》、《徘徊在現代和後現代之間》、《現代性的追求》、
《上海摩登》是文學、社會、文化和思想史，代表了多元文化跨
領域的研究方向。⑰前面提過的他主編的《魯迅及其遺產》更集
合了一批學術背景與他相似的學者而寫的一部多種途徑、多種觀
點探討魯迅的著作。

在運用西方的文學批評方法來探討中國現代文學的著作中，
比較文學占了最重要的部分，比「文學分析」更多。而近二十年

來，文化批評（研究）又更加蓬勃，目前已成爲主流。⑱我覺得
以比較文學和文化批評來探討現代文學，是歐美、港臺華人學者
及日本學者最特別的貢獻。中國大陸在七十年代末期門戶開放後，
馬上就注意到這方面的特殊成就。中國近年出版的研究現代文學
論文，反映了以比較方法及文化批評研究古典、現代文學成了非
常熱門的話題。⑲

四、在全球化、本土化衝擊下的多元思考與分析方法

新加坡由於在地理上處於東西方的重要通道上，最早遭到西
方文化的侵略與影響，成爲最明顯的具有東西文化的新精神新文
明的國家。從殖民時期英國極權統治到高科技信息網絡的新世紀，
新加坡的文化處處都是呈現著這是一個全球化的典範。另一方面
由於新加坡原來遭受長期殖民統治，1965年獨立後，我們才開
始塑造國家認同，建構自己文化的本土性。所以新加坡目前正在
經受全球化與本土化猛烈衝擊的考驗。

在全球化與本地化衝擊下的文化現象，學術研究與方法更加
複雜化。雖然有人會擔心全球化會把各種文化差異逐漸抹掉，然
而，全球化的極致，會導致本土特殊性的重視。本土化會阻礙現
代化所造成狹隘的本土中心主義，其實本土的極致就是走向全球
化。唯有本土化得到重視，才有資格與信心與全球化接軌，甚至
並駕齊驅。

今天跨國界的流動多元文化現象，已不能只用傳統或一元的
思考方式去分析，因爲種種因素改變了人的經驗模式與時空座標。
在全球化與本土化的衝擊下，我個人的解讀現代文學的方法，從
考證、注釋、新批評、比較文學到文化批評都一一的加以運用。

五、西方或中國文學為典範發展出來
的解釋模式：誤讀《小坡的生日》

我要談的多元文化，多元批評，多元思考研究現代文學的方法與經驗，可用「全球性的視野，本土性的行動」來說明其特點，而我要引用的解讀的例子，是老舍在新加坡華僑中學教書期間所寫的一本小說《小坡的生日》。⑳老舍一向被鎖定為北京味最重的區域作家，但是如果只從一元的角度，以北京味的傳統理論架構來閱讀老舍，那他那些屬於世界華文文學中最早的後殖民文本與理論，如《小坡的生日》、《二馬》及批評康拉德小說中殖民帝國思想的文章，就被忽略了。㉑我因為生活在新馬多元文化社會裡，才能以新馬殖民社會，多元文化經驗認識到《小坡的生日》及其他作品的非北京非中國意義結構。老舍這些作品呈現了跨國的文化經驗主題。

六、老舍在牛車水與華中校園尋找到的小坡

老舍曾二次訪問新加坡。第一次是在1924年的夏天乘船去英國倫敦，輪船途中在新加坡靠岸，老舍在紅燈碼頭及大坡一帶玩了一天。老舍第二次到新加坡，是在1929年的秋天，從英國回返中國途中。他先到歐洲大陸玩了三個月，因為錢不夠，買了一張只到新加坡的船票。他一上岸，就到商務與中華書局找人幫忙介紹工作賺錢，最後大概由華中的董事黃曼士的推荐，到華僑中學教中文，一直到1930年2月才回返上海。他在華中的虎豹樓住了五個月，被伊蚊叮了，身上有小紅點，他以為一定沒藥可救，後來醫生給他服吃金雞納霜，躺了三天便起死回生。㉒

老舍新加坡，除了因為口袋的錢只夠買一張到新加坡的船票，

原來也打算寫一部以南洋爲背景的小說，表揚華人開發南洋的功績，因爲在倫敦期間讀了康拉德（Joseph Conrad, 1859-1924）寫南洋的小說而有所啓發。康拉德在小說中，白人都是主角，東方人是配角，而且征服不了南洋的大自然，結果都讓大自然吞噬了。老舍要寫的正與其相反，他要寫華人如何空手開拓南洋。可是教書的工作把他拴住，沒時間也沒錢去馬來西亞內地觀察，結果他只好退而求其次，以新加坡風景和小孩爲題材，寫了《小坡的生日》。華中的董事黃曼士給老舍的《小坡的生日》提供寫作的材料：

> 可是，我寫不出。打算寫，得到各處去遊歷。我沒錢，沒功夫。廣東話，福建話，馬來話，我都不會。不懂的事還很多很多。不敢動筆。黃曼士先生沒事就帶我去看各種事兒，爲是供給我點材料。

老舍要寫的「最小最小的那個南洋」，以新加坡當時多元種族的社會爲基礎，而黃曼士及其家庭生活的影子，在小說中處處可見。爲了創作土生土長的第二代華人的思想意識已本土化，小說中的父親有三個孩子，因爲分別出生於大坡（牛車水）與小坡，老大叫大坡，老二叫小坡。另有妹妹叫仙坡。小孩的革命思想應該是來自華僑中學校園，因爲華中自戰前以來，學生不僅成績優異，而且積極參與社會活動。在反抗英殖民政府與抗日時期，學生都在扮演著領導地位。就是在華中教書時，老舍在中學生身上，看見了革命的火花：㉔

> 在新加坡，我是在一個中學裡教幾點鐘國文，我教的學生差不多都是十五六歲的小人兒們。他們所說的，和他們在作文時所寫的，使我驚異。他們在思想上的激進，和所要知道的問題，是我在國外的學校五年中所未遇到過的

　　……新加坡的中學生設若與倫敦大學的學生談一談，滿可以把大學生說得瞪了眼……

　　所以華中學生的革命思想促使老舍寫一部小說，把東方小孩子全拉在一起，象徵將來會立在同一條戰線上去爭戰。這就是《小坡的生日》的主題思想。㉔

　　談《小坡的生日》，隨處都能找到華中的一些影子，如下面夢中各民族小孩要攻擊的老虎學校，就禁不住叫人想起華中正門的地理位置：㉕

　　　　老虎學校是在一個山環裡，門口懸著一塊大木匾，上面寫著校訓（是糟老頭子的筆跡，三多認識）：「不念就打！」他們跳上牆去往裡看：校門裡有一塊空地，好像是運動場，可是沒有足球門，籃球筐子什麼的，只有幾排比胳臂還粗的木椿子，上面還拴著幾條小虎。他們都落著淚，在椿子四圍亂轉。

　　如果從武吉知馬走進華中校園，有一條半圓形的通路，靠馬路這邊形成一個半圓，那邊是運動場，另外一邊的山坡上，有一排樹林處便是華中的主要建築物。所以老舍寫道：「學校是在一個山環裡」。

　　華中校訓原是「自強不息」四字，老舍將它改成「不念就打」，目的是用來諷刺當時新加坡一些教師所使用的不符合教育心理的教學法。譬如老舍就曾這樣批評某些華中老師：「他們對先生們不大有禮貌，可不是故意的，他們爽直，先生們若能和他們以誠相見，他們便很聽話，可惜有的先生愛耍些小花樣！」㉖

七、本土多元文化的新解讀《小坡的生日》中新加坡花園城市，多元種族社會的寓（預）言

　　在《小坡的生日》裡，老舍創造了小坡，一個在新加坡土生土長的小孩子，代表第二代的華人思想意識已本土化，已成為落地生根的新加坡人。小坡的父親是一個標準的早期的華僑移民，有宗鄉偏見，可是出生於新加坡小坡一帶的小坡，摒棄宗鄉主義，不分廣東或福建，同時也團結其他種族的小孩來對付共同的敵人。老舍以這樣的故事製造了一種多元種族多元文化的社會寓言：當沙文主義的父母不在家時，小坡和妹妹仙坡決定打破籍貫，種族和語文之藩籬，邀請二個馬來小姑娘，三個印度小孩，兩個福建小孩，一個廣東胖子到屋子後面的花園遊戲。他們像一家人，講著共同的語言，小說後半部描寫小坡在夢中與其他小孩應付共同的敵人，大概就是暗示老舍所說民族聯合起來反對殖民主義的寓言吧。小說中花園的意象經常出現，這又是暗示新加坡是一個花園城市國家的寓言。老舍在小說中故意把白人忽略，因為這土地是亞洲各民族所開墾，原不屬於殖民主義者。

　　《小坡的生日》童話後面對多元種族，多元語文與文化的新加坡社會，尤其花園城市之寓言，就是老舍用來逆寫（write back）康拉德小說中的南洋。老舍通過創作一本小說，糾正白人筆下「他者的世界」。老舍在新加坡親身經驗到的被殖民者的痛苦經驗雖然只有半年，但是由於他在之前，已在英國住了五年，而大英帝國正是當時新加坡的殖民者，所以老舍很快的就有深入廣泛的對殖民主義者及被殖民者的瞭解。《小坡的生日》小說中寓言多元種族多元文化時代之爭取與來臨，正是本土文化與帝國文化相衝突，強調本土文化與帝國之不同的思考所發出之火花。㉗

八、本土多元文化的思考：對中西
詮釋模式的挑戰與回應

　　新加坡人的多元文化，本土知識可以對西方的觀點，中國的中原中心主義的詮釋模式加以挑戰與回應。過去夏志清說《小坡的生日》只是寫給兒童看的童話，胡金銓以北京味的小說的審思，覺得它不像童話，也不是成人讀物。西方白人學者也覺察不出這本小說的後殖民文學的特點。㉘從多元文化與本土知識的解讀，我們便可帶來新突破，這本小說顛覆了以歐洲霸權文學爲典範的文學主題與人物。

　　老舍讀了康拉德書寫南洋小說，雖然深深被其高超的表現技巧所吸引，但其歐洲自我中心（Euro-centric）的敘述使他大爲不安。康拉德的熱帶叢林小說，白人都是主角，東方人是配角，白人征服不了南洋的原始叢林，結果不是被原始環境鎖住不得不墮落，就是被原始的風俗所吞噬。老舍爲了顛覆西方文化優越霸權的語言，反對殖民思想，他要書寫華人開拓南洋叢林的艱苦經驗，要描寫殖民地受壓迫的各民族聯合在一起的南洋。結果他以新加坡的經驗，於1930年在新加坡的中學當華文老師期間，創作了《小坡的生日》，以新加坡多元種族、多元文化的社會取代了康拉德令白人墮落的落後的南洋土地。這本小說，我認爲應列爲早期重要的後殖民文學作品。而老舍對康拉德批評的文章，也是世界上後殖民論述很早的理論。

　　目前在西方，幾乎所有從後殖民文學理論來論述康拉德小說中的種族主義與文化優越感，都是從Achebe的《非洲意象》開始㉙。其實早從1934年開始，老舍已寫了一系列文章，如〈還想著它〉（1934）〈我怎樣寫《小坡的生日》〉（1935）、〈一

個近代最偉大的境界與人格的創造者：我最愛的作家康拉德〉（
1935）《寫與讀》（1935）㉚。老舍以在倫敦與新加坡的生活
經驗閱讀康拉德的熱帶叢林小說，從《黑暗的心》到東南亞爲背
景的小說，他認爲都有種族歧視與帝國主義思想意識。㉛可惜東
西方研究後殖民理論的學者，對老舍的後殖民論述一無所知。其
實老舍對康拉德熱帶叢林小說的後殖民論述，遠比Achebe或其
他作家學者先提出，而且意義更重大。㉜

九、結論：在中西文學爲典範的詮釋中，尋找另一種解釋的模式

　　新加坡的華人，基於地緣政治和歷史變遷的關係，我們和中
國、香港、臺灣、澳門的華人相比較，擁有不同的政治立場及文
化視野。新加坡人擁有多種語言、多種文化、多種種族的社會，
而又是中西制度與文化融合的國家，因此可充當東西的橋樑，不
久前新加坡駐美國大使陳慶珠教授曾指出，新加坡人對區域問題
的詮釋，因其坦率且具有眞知灼見，逐漸受到世界的重視：㉝

　　　　過去多年來，世人逐漸把新加坡看作是一個對區域問
　　題有眞知灼見的國家。我們是一個小國，不得不對本區域
　　進行深入的研究，這關係到我們的生存。美國和多個強國
　　都重視新加坡對區域問題的客觀看法。

　　新加坡人作爲海外華人社群的一個重要中心，可以在中華文
化發展方面扮演積極的重要角色，我們過去對華族文化遺產所作
出的貢獻是有目共睹。對中國現代文學上的詮釋，也可以從中西
文學爲典範的模式中，尋找出另一種解釋的模式，讓一些中國現
代文學被忽略的重大問題與意義，重新解讀出來。老舍對世界後
殖民文學論述與創作便是一個例子。

　　新加坡在移民時代，在脫離英國殖民地而獨立前後，中西強勢／中心文化，把殖民世界推壓到經驗的邊緣。中國的中原心態（Sino-centric attitude）、歐洲的自我中心主義（Eurocentrism），使得一元中心主義（Mono-centrism）的各種思想意識，被本土人盲目的接受。可是進入後現代以後，當年被疏離的、被打壓的處在邊緣地帶的殖民世界的經驗與思想，現在突破被殖民的子民心態，把一切的經驗都看作非中心的（Uncentred），多元性的（Pluralistic），與多樣化的（Multifarious）。邊緣性（Marginality）現在成為一股創造力，一種新的文化視覺。走向非中心（Uncentred）與多元化（Pluralistic）成為世界性的思潮。邊緣性的（Marginal）與變種的（Variant）成了後殖民語言與社會的特色。邊緣性的話語（Discourses of Marginality）如種族、性別、政治、國家、社會，常常可以帶來一種新的詮釋模式。㉞

　　而我這本書中的論文，便是嘗試從後殖民文學理論來解讀一些中國、臺灣、新加坡及馬來西亞等地中文作家的後殖民文本。這是一次病症性的閱讀（symptomatic readings），我特別關注中心與邊緣的衝突中，逐漸被棄用（abrogation）與挪用（appropriation）的後殖民寫作策略所創造的新品種華文文學。

【附　註】

① 　Drvid Hawkes "Classical, Modern and Humane", *Essays in Chinese Literature* eds John Minford and Siu-kit Wong (Hong Kong: Chinese University Press, 1989), pp.4-6。

② 　*The Chinese Classics* (London: Trubner, 1861-72)。翻譯工作在香港1861完成。

③ 　邱新民《東南亞文化交通史》（新加坡：新加坡亞洲學會與文學書

屋，1984），頁349-365（鄭和與馬六甲）；366-384（葡人殖民馬六甲）。

④ 關於新馬漢學的早期研究，參考程光裕〈新加坡與馬來西亞的漢學研究〉，見《世界各國漢學研究論文集》第二輯（臺北：國防研究院及中華大典編印會，1967），頁71-108。

⑤ 杜維明〈漢學、中國學與儒學〉見《十年機緣待儒學》（香港：牛津大學出版社，1999），頁1-33。

⑥ 同上，1-12。關於中國學在美國大學的發展研究方法，參考 Paul Sih (ed.), *An Evaluation of Chinese Studies* (New York: St. John's University, 1978)。

⑦ 同上。

⑧ James Liu, "The Study of Chinese Literature in the West: Recent Developments, Current Trends, Future Prospects", *The Journal of Asian Studies,* Vol. XXXV, No.1 (Nov. 1975), pp.21-30。我在1991年曾論述〈中國現代文學研究的新方向〉見《漢學研究之回顧與前瞻》（北京：中華書局，1995），頁343-356，但目前已正蓬勃的從文化批評來研究中國現代文學，當時還未論及。

⑨ Michael Gotz, "The Development of Modern Chinese Studies in the West", *Modern China,* Vol.2, No. 3 (July 1976), pp.397-416。另外參考葛浩文（Howard Goldblatt），《中國現代文學研究的新方向》，見《漫談中國新文學》（香港：香港文學研究社，1980），頁109-119。

⑩ "The Intellectual Biography of a Modern Chinese Poet: Wen I-to" (Stanford University, 1959), 經過修改出版成書： Wen I-to (New York: Twayne, 1980)。

⑪ 柳存仁的現代文學著作包括與茅國權合作英譯巴金的《寒夜》 *Cold*

Nights (Seattle: University of Washington Press, 1979), "Social and Moral Significance in Modern Chinese Fiction", *Solidarity*, 3 (Nov. 1968), pp.28-43 等等。

⑫　博士論文原題爲 "The May Fourth Movement and Its Influence Upon China' s Socio-Political Development" (University of Michigan, 1955), 經過修改，出版成書： Chow Tse-tsung, *The May Fourth Movement* (Cambridge: Harvard University Press, 1960)。

⑬　C.T.Hsia, *A History of Modern Chinese Fiction* (New Haven: Yale University Press, 1961)。

⑭　海陶瑋作，宋淇譯〈中國文學在世界文學中的地位〉，見《英美學人論中國古典文學》（香港：中文大學，1973），頁253-265。

⑮　同前註⑨，p.397。

⑯　Leo Lee (ed.), *Lu Xun and His Legacy* (Berkeley: University of California Press, 1985)。

⑰　Leo Lee, *The Romantic Generation of Modern Chinese Writers* (Cambridge, Mass: Harvard University Press, 1973), *Voices From the Iron House: A study of Lu Xun* (Bloomington: Indiana University Press, 1987), 《中西文學的徊想》（香港：三聯書店，1986）；《徘徊在現代和後現代之間》（臺北：正中書局，1996）；《現代性的追求：李歐梵文化評論精選集》（臺北：麥田，1996）；*Shanghai Modern: The Flowering of a New Urban Culture in China, 1930-1945* (Cambridge, Mass: Harvard University Press, 1999)。

⑱　有關文化研究的發展趨向，參考李歐梵〈文化史跟「文化研究」〉，《徘徊在現代和後現代之間》，（同前註⑰），頁182-186；及王德威《小說中國》（臺北：麥田，1993）一書中〈批評的新視野〉

一輯中的三篇論文，尤其〈想像中國的方法〉及〈現代中國小說研究在西方〉，頁345-407。

⑲　北京大學出版社出版的一系列《北京大學比較文學研究叢書》就反映了中國學者已從比較文學走向文化批評研究。

⑳　我研究根據的版本是《小坡的生日》（上海：晨光出版社，無出版日期）。這本小說完成於1930年，1931年1月至4月在《小說月報》第22卷第1號至第4號連載。生活書店1934年7月初版。這本小說目前收集於《老舍文集》（北京：人民文學出版社，1993），第二冊，頁1-146。

㉑　我在〈老舍在《小坡的生日》中對今日新加坡的預言〉見《老舍小說新論》（臺北：東大，1995），頁29-46，曾分析中西學人的誤讀。

㉒　除了上文，我另有〈老舍在新加坡的生活和作品新探〉見《老舍小說新論》，頁1-28，對老舍在新加坡的生活作了一些考證。在1928年至1930年間，黃曼士是華中第八屆董事之一，見《新加坡南洋華僑中學金禧紀念特刊》（新加坡：華僑中學：華僑中學，1969），頁16。

㉓　老舍〈還想著它〉，《老舍文集》（北京：人民文學出版社，1993），第14冊，頁25-32。

㉔　〈我怎樣些《小坡的生日》〉，《老舍文集》，第15冊，頁178-183。

㉕　同前註⑳，頁208。

㉖　〈還想著它〉，同前註㉓，頁144。

㉗　參考本人的論文〈從後殖民文學理論解讀老舍對康拉德熱帶叢林小說的批評與迷戀〉，《老舍與二十世紀》（天津：天津人民出版社，2000），頁171-186。

㉘　見前註㉑。

㉙　Chinua Achebe, "An Image of Africa", *Massachusetts Review,* 18(1977), pp.782-794。

㉚　這兩篇文章依序是：《老舍文集》，第15冊，3，298-307; 541-547。

㉛　這些小說可以 *Heart of Darkness, Almayer's Folly, The Lagoon* 為 代表。

㉜　有關老舍與後殖民文學的討論，見前註㉗。

㉝　見陳慶珠接受新加坡《聯合早報》的訪談，2000年2月10日。

㉞　Bill Ashcroft and Others, *The Empire Writes Back* (London: Ro-utledge, 1989), pp.12-13; 104-105; Bill Ashcroft and Others (eds), *The Post-colonial Studies Reader* (London: Routledge, 1995), pp. 132-133。

中國最早的後殖民文學理論與文本

——老舍對康拉德熱帶叢林小說的批評及其創作

一、老舍對康拉德熱帶叢林小說的後殖民論述

　　歐洲殖民與帝國主義通過多種多樣的手段與形式，在不同的年代與地方發展與擴大。有時明目張膽、有計劃、有陰謀的四處侵略與豪奪地去擴張與占領。但帝國主義勢力，尤其是文化霸權的影響，有時也會潛移默化地、偶然性地產生。①後殖民文學（post-colonial literature）是在帝國主義文化與本土文化互相影響、碰擊、排斥之下產生的結果。所以後殖民文學或後殖民文學理論（post-colonial literary theory）中的「後殖民」的定義，與獨立後（post-independence）或殖民主義之後（after colonialism）不同，它是指殖民主義從開始統治那一刻到獨立之後的今日的殖民主義與帝國霸權。②後殖民文學與理論的產生歷史已很長久，只是要等到後現代主義興起，才引起學者的興趣與注意，因為只有後現代主義解構以西方為中心的優勢文化論之後，才注意到它的存在。③

　　所以後殖民文學與後殖民理論在其名詞出現之前，其作品與理論老早已存在。近幾十年頗受重視的後殖民文學理論論述中，非洲尼及利亞（Nigeria）小說家 Chinua Achebe的〈非洲意象〉（An Image of Africa）的理論便是其一。他在1975年在美國波士頓的馬省大學（University of Massachusetts）的一次講演中，

以〈非洲意象〉為題，譴責英國小說家康拉德（Joseph Conrad, 1857-1924）為種族主義者。他說康拉德的中篇小說《黑暗的心》（Heart of Darkness, 1902）就足以證明「康拉德是一位血腥的種族主義者」（Joseph Conrad was a bloody racist），而《黑暗的心》就是一本種族主義的作品（racist work）。Achebe認為《黑暗的心》所呈現非洲的意象正是白人歧視被殖民者及殖民地的「他者的世界」（the other world）。儘管這本小說從芝加哥到孟買到約翰內斯堡的英文文學課程都列為必讀，他要求將《黑暗的心》從所有課程中刪除。④

目前在西方，幾乎所有從後殖民文學理論來論述康拉德小說中的種族主義與文化優越感，都是從Achebe的〈非洲意象〉開始。⑤其實早從1934年開始，老舍就已寫了一系列文章，如〈還想著它〉（1934）、〈我怎樣寫《小坡的生日》〉（1935）、〈一個近代最偉大的境界與人格的創造者：我最愛的作家康拉德〉（1935）、〈寫與讀〉（1935）⑥。老舍以在倫敦與新加坡的生活經驗來閱讀康拉德的熱帶叢林小說⑦，從《黑暗的心》到東南亞為背景的小說，他認為都有種族歧視與帝國主義思想意識。⑧可惜東西方研究後殖民理論的學者，對老舍的後殖民論述一無所知。其實老舍對康拉德熱帶叢林小說的後殖民論述，遠比Achebe或其他作家學者先提出，而且意義更重大。⑨

老舍讀了康拉德書寫南洋的小說，雖然深深被其高超的表現技巧所吸引，但其歐洲自我中心（Eurocentric）的敘述使他大為不安。康拉德的熱帶叢林小說裡，白人都是主角，東方人是配角，白人征服不了南洋的原始叢林，結果不是被原始環境鎖住不得不墮落，就是被原始的風俗所吞噬。老舍為了顛覆西方文化優越霸權的語言，反對殖民思想，他要書寫華人開拓南洋叢林的艱

苦經驗，要描寫被殖民受壓迫的各民族聯合在一起的南洋。結果他以新加坡的經驗，於1930年在新加坡的中學當華文老師期間，創作了《小坡的生日》，以新加坡多元種族、多元文化的社會取代了康拉德令白人墮落的落後的南洋土地⑩。這本小說，我認爲應列爲早期重要的後殖民文學作品。

我以前曾經探討老舍在新加坡的生活經驗，以新加坡爲背景的小說《小坡的生日》以及康拉德對老舍小說的影響。⑪本文從後殖民文學理論來解讀老舍對康拉德熱帶叢林小說的評述及其所受影響，相信能解剖出非常新而重大的意義。它可以了解世界華文作家對後殖民文學及其理論的開拓與貢獻。由於老舍的後殖民論述與新馬的經驗有關，老舍雖然只短暫住在新加坡，這也算是新馬後殖民文學與論述發展史上重要的一個注釋。

二、「因著他影響我才想到南洋」

老舍自己曾在二篇文章〈還想著它〉（1934）及〈我怎樣寫《小坡的生日》〉（1935）中寫過他到新加坡教書與寫作的前後經歷。他曾先後二度訪問新加坡。第一次是在1924年的夏天，他由上海乘輪船去英國教書途中，曾上岸玩了一天。當時是去倫敦大學的東方學院（後改稱亞非學院）擔任漢語講師。老舍第二次到新加坡，是在1929年的秋天，據我推斷，大約在十月抵達，因爲他六月辭去倫敦大學東方學院教職，從英國赴歐洲大陸玩了三個月，最後從德國的馬賽港乘船來新加坡。這一次他在新加坡的南洋華僑中學（簡稱華僑中學）教書，一直到1930年的二月底才回去上海。據我的推斷，他一共住五個月。⑫他在〈我怎樣寫《小坡的生日》〉中說「在新加坡住了半年」，大致上是準確的。⑬

老舍在〈還想著它〉（1934）中說，他到新加坡的原因，首先是因爲錢不夠，因此只買了到新加坡的船票：

> ……這幾個錢僅夠買三等票到新加坡的。那也無法，到新加坡再講吧。反正新加坡比馬賽離家近些，就是這個主意。（《老舍文集》，14:25）

在〈我怎樣寫《小坡的生日》〉一文中，他說除了錢不夠，另一個原因是想去南洋看看，尋找描寫南洋小說的材料：

> 離開歐洲，兩件事決定了我的去處：第一，錢只夠到新加坡的；第二，我久想看看南洋。於是我就坐了三等艙到新加坡下船。爲什麼我想看看南洋呢？因爲想找寫小說的材料，像康拉德的小說中那些材料。（《老舍文集》，15:178）

在〈還想著它〉老舍也承認「本來我想寫部以南洋爲背景的小說。」（《老舍文集》，14:30）

老舍在倫敦期間讀康拉德的小說，非常著迷，因此很想去南洋看看各色各樣的人，所以老舍承認「因著他的影響，我才想到南洋去」，他在〈一個近代最偉大的境界與人格的創造者〉一文中說：

> 對於別人的著作，我也是隨讀隨忘；但忘記的程度是不同的，我記得康拉德的人物與境地比別的作家的都多一些，都比較的清楚一些。他不但使我閉上眼就看見那在風暴裡的船，與南洋各色各樣的人，而且因著他的影響我才想到南洋去。他的筆上魔術使我渴想聞到那鹹的海，與從海島上浮來的花香；使我渴想親眼看到他所寫的一切。別人的小說沒能使我這樣。……我的夢想是一種傳染，由康拉德得來的。（《老舍文集》，15:301）

三、「康拉德在把我送到南洋以前，我已經想從這位詩人偷學一些招數」：《二馬》的後殖民文學結構

老舍在1923年在南開中學教書時，曾在《南開季刊》上發表過一篇〈小鈴兒〉的小說。⑭老舍對這篇處女作不甚重視，不認為這是他做小說家的開始。在〈我的創作經驗〉（1934）中，他說「設若我始終在國內，我不會成了個小說家」⑮。老舍在倫敦的第二年（1925）完成了第一部長篇《老張的哲學》，他自己把它肯定為創作的起點⑯。過了一年（1926），又寫了《趙子曰》。他自己對兩部小說都沒有好評，他在〈我的創作經驗〉裡說：

> 《趙子曰》是第二部，結構上稍比《老張》強了些，可是文字的討厭與敘述的誇張還是那樣。這兩部書的主旨是揭發事實，實在與《黑幕大觀》相去不遠。其中的理論也不過是些常識，時時發出臭味！（《老舍文集》，15:292）

當時老舍承認所讀外國作品不多，主要向英國寫實小說家狄更斯（Charles Dickens, 1812-1870）學習，他形容《老張的哲學》的基本寫小說方法，就像買了照像機，把記憶中的東西寫實地拍下來。⑰

1929年的春天，也就是老舍在倫敦的第五年，他完成第三部長篇《二馬》，老舍對它感到相當滿意。在〈我的創作經驗〉中，他說：

> 《二馬》是在英國的末一年寫的。因為已讀過許多小說了，所以這本書的結構與描寫都長進了一些。文字上也有了進步：不再借助於文言，而想完全用白話寫。它的缺點是：第一，沒有寫完便結束了，因為在離開英國以前必

須交卷；本來是要寫到二十萬字的。第二，立意太淺：寫
它的動機是在比較中英兩國國民性的不同；這至多不過是
種報告，能夠有趣，可很難偉大。再說呢，書中的人差不
多都是中等階級的，也嫌狹窄一點。（《老舍文集》，15：
292）

老舍這時候已讀過許多西方作品。在這些作家中，康拉德對
老舍最有魔力，他的小說把老舍深深而且長期性的迷惑著。老舍
很坦誠的承認在英國時，就已經開始學習康拉德的寫小說技巧，
康拉德小說的倒敘（flashback）手法影響了《二馬》的小說表
現技巧。在〈一個近代最偉大的境界與人格的創造者：我最愛的
作家康拉德〉有這樣的一段文字：

可是康拉德在把我送到南洋以前，我已經想從這位詩
人偷學一些招數。在我寫《二馬》以前，我讀了他幾篇小
說。他的結構方法迷惑住了我。我也想試用他的方法。這
在《二馬》裡留下一點──只是那麼一點──痕跡。我把
故事的尾巴擺在第一頁，而後倒退著敘說。我只學了這麼
一點；在倒退著敘述的部分裡，我沒敢再試用那忽前忽後
的辦法。到現在，我看出他的方法並不是頂聰明的，也不
再想學他。可是在《二馬》裡所試學的那一點，並非沒有
益處。康拉德使我明白了怎樣先看到最後的一頁，而後再
動筆寫最前的一頁。在他自己的作品裡，我們看到：每一
個小小的細節都似乎是在事前準備好，所以他的敘述法雖
然顯著破碎，可是他不至陷在自己所設的迷陣裡。我雖
不願說這是個有效的方法，可是也不能不承認這種預備的
工夫足以使作者對故事的全體能準確的把握住，不至於把
力量全用在開首，而後半落了空。自然，我沒能完全把這

個方法放在紙上，可是我總不肯忘記它，因而也就老忘不
了康拉德。（《文集》，15:302）

　　我曾在〈從康拉德學來的「一些招數」：老舍《二馬》解讀〉
中指出，康拉德對《二馬》的影響並不止「這麼一點」也並非「
不再學他」，因為康拉德對老舍以後小說，特別是《駱駝祥子》
也有藝術結構上深廣的影響。⑱由於我在別處已討論過，這裡就
不多說了。

　　如果從後殖民文學來讀《二馬》，也就更明白老舍所說只學
了康拉德一點東西的內涵：主要指藝術結構，至於東方主義的論
述與主題思想，老舍很顯然是反殖民帝國主義的。他在《二馬》
中就企圖顛覆了康拉德的小說，把中國人與英國人放在同樣重要
的角色上去「比較中英兩國國民性的不同」。小說中描寫父子二
人（二馬指父親馬則仁與兒子馬威）抵達倫敦去繼承前者哥哥的
古董店的生意。牧師伊文思夫婦為二馬找房子而四處奔跑，他心
裡大罵：「他媽的！為兩個破中國人。」伊文思安排二馬來倫敦，
為的是證明給教會看，他當年到中國傳教是有影響力的，二馬就
是受他影響而信教的。可是伊牧師半夜睡不著的時候，也禱告上
帝快把中國變成英國的屬國，要不然也升不了天堂。⑲

　　在《二馬》中，馬威固然對舊中國失望，到了倫敦，西方最
理想的英國，也就是中國一直所要追求的現代化的象徵，馬威仍
然不能接受。英國女孩瑪力美麗大方，具有西方吸引人的優點與
美麗，馬威跟她交往密切，幾乎到了戀愛結婚階級，但由於她對
中國人有偏見，最後還是拒絕了馬威的愛。瑪力代表西方優越的
文化思想種族歧視，始終不能接受中國。

　　《二馬》的開頭與結尾，描寫馬威在倫敦的中心地帶海德公
園玉石牌樓與演講者之角一帶徘徊了一個下午，「有時候向左，

有時候向右」，漫無目的在漫步中觀看。打著紅旗的工人，高喊打倒資本主義的口號，「把天下所有壞事加在資本家的身上，連昨兒晚上沒睡好覺，也是資本家鬧的」。另一批守舊黨站在英國國旗下，拼命喊：「打倒社會主義」，他們「把天下所有的罪惡都摺在工人的肩膀上，連今天早晨下雨，和早飯的時候煮了一個臭雞蛋，全是工人搗亂的結果」。此外還有救世軍，天主教講道的，講印度獨立，講快消滅中國的。

1930年的英國，正是太陽永不落下的強盛時代，可是馬威看見了日落時分的海德公園。這是代表他對西方民主的、資本主義的國家社會之走向沒落的看法，更何況他對西方人種族偏見與道德，包括宗教，都不能接受，因此《二馬》不管寫霧中的倫敦，或寫植物園，二馬眼中的景物多是灰色的。

馬威的愛被瑪力拒絕後，帶著失戀的苦楚獨自逛倫敦郊外的植物園。他偶而抬頭，驚見老松梢上有中國寶塔。他「呆呆的站了半天，他的心思完全被塔尖引到東方去了」。後來走進小竹園，看見移植自日本、中國及東方各國的竹子，於是馬威產生這樣的感想：

> 「帝國主義……不專是奪了人家的地方，滅了人家的國家，也真的把人家的東西都拿來，加一番研究。動物，植物，地理，言語，風俗，他們全研究，這是帝國主義屬害的地方……（《文集》，1:584）

老舍故意安排馬威在新年早上，獨自逛植物園，是由於洋妞瑪力拒絕他的愛而傷心失戀，這又暗寓著西方資本主義國家叫人又愛又恨的意義。年輕的中國，走向現代化的中國拼命追求西化，可是最後發現西方文化並沒想象中那樣完美，更何況西方人始終難於改變對中國及其人民的偏見。他們愛搶奪中國或東方的東西，

但不愛東方人。

　　從這個角度去讀《二馬》，我們就明白老舍所說康拉德在把他送到南洋以前，所偷學到的招數，並不止於藝術表現技巧，更重要的，他反過來，把東方人放在殖民者的國土上，一起去呈現殖民者與被殖民者的種種現象。

　　在康拉德的熱帶叢林小說，像《黑暗的心》、〈淺湖〉（The Lagoon）〈前進的哨站〉（An Out Post of Progress）及〈群島流浪者〉（An Outcast of the Islands）〈阿爾邁耶的愚蠢〉（Almayer's Folly）等小說，白人在原始熱帶叢中、在土族生活中，容易引起精神、道德、意志上的墮落。[20]老舍在《二馬》中，卻讓我們看見白人在他自己的國土中，也一樣有道德敗壞之思想行為。這是老舍對康拉德小說中的東方主義敘事的一種還擊。

　　如果說，後殖民文學是由於帝國主義文化與本土文化互相碰擊、排斥之下產生的，那麼老舍的《二馬》就是世界華文文學最早期的一部分殖民文學作品。[21]

四、老舍後殖民文學的論述與實踐：從反康拉德的文化優越感到《小坡的生日》的本土意識

　　老舍對康拉德小說中帝國主義思想的評論，〈我怎樣寫《小坡的生日》〉中這一段最為重要：

> 離開歐洲，兩件事決定了我的去處：第一，錢只夠到新加坡的；第二，我久想看看南洋。於是我就坐了三等艙到新加坡下船。為什麼我想看看南洋呢？因找想找寫小說的材料，像康拉德的小說中那些材料。不管康拉德有什麼民族高下的偏見沒有，他的著作中的主角多是白人；東方人是些配角，有時候只在那兒作點綴，以便增多一些顏色

——景物的斑斕還不夠，他還要各色的臉與服裝，作成個「花花世界」。我也想寫這樣的小說，可是以中國人爲主角，康拉德有時候把南洋寫成白人的毒物——征服不了自然便被自然吞噬……（《老舍文集》，15:178）

首先老舍肯定康拉德的作品具有民族高下的偏見。《二馬》的內容主題，便是一個最好的注解。爲了顛覆康拉德小說中以白人爲主角，東方人爲配角，《二馬》把中國人與英國人放在至少同等重要的地位。1929年10月抵達新加坡到1930年2月底回返上海期間，老舍決定再寫一部小說，以南洋爲背景，但他要寫的恰恰與康拉德的小說相反，他要通過中國人的眼睛，來表現亞洲人的南洋：

我要寫的恰與此相反，事實在那兒擺著呢：南洋的開發設若沒有中國人行麼？中國人能忍受最大的苦處，中國人能抵抗一切疾痛：毒蟒猛虎所盤據的荒林被中國人鏟平，不毛之地被中國人種滿了菜蔬。中國人不怕死，因爲他曉得怎樣應付環境，怎樣活著。中國人不悲觀，因爲他懂得忍耐而不惜力氣。他坐著多麼破的船也敢衝風破浪往海外去，赤著腳，空著拳，只憑那口氣與那點天賦的聰明，若能再有點好運，他便能在幾年之間成個財主。自然，他也有好多毛病與缺欠，可是南洋之所以爲南洋，顯然的大部分是中國人的成績。……無論怎樣吧，我想寫南洋，寫中國人的偉大；即使僅能寫成個羅曼司，南洋的顏色也正是艷麗無匹的。（《老舍文集》，15:178）

在〈還想著它〉，老舍強調中國人開發南洋，但西洋人卻立在其他亞洲人民之上。這不但是南洋在殖民政府統治之下的現實，也是康拉德以南洋爲背景的小說的內容。老舍在下面這段話裡，

表現出強烈的民族意識。

　　　　本來我想寫部以南洋為背景的小說。我要表揚中國人
開發南洋的功績：樹是我們栽的，田是我們墾的，房是我
們蓋的，路是我們修的，礦是我們開的。都是我們作的。
毒蛇猛獸，荒林惡瘴，我們都不怕。我們赤手空拳打出一
座南洋來。我要寫這個。我們偉大。是的，現在西洋人立
在我們頭上。可是，事業還仗著我們。我們在西人之下，
其他民族之上。假如南洋是個糖燒餅，我們是那個糖餡。
我們可上可下。自要努力使勁，我們只有往上，不會退下。
沒有了我們，便沒有了南洋；這是事實，自自然然的事實。
馬來人什麼也不幹，只會懶。印度人也幹不過我們。西洋
人住上三四年就得回家休息，不然便支持不住。幹活是我
們，作買賣是我們，行醫當律師也是我們。住十年，百年，
一千年，都可以，什麼樣的天氣我們也受得住，什麼樣的
苦我們也能吃，什麼樣的工作我們有能力去幹。說手有手，
說腦子有腦子。我要寫這麼一本小說。這不是英雄崇拜，
而是民族崇拜。（《老舍文集》，14:30）

　　在殖民社會裡，民族主義（Nationalism）是抵抗帝國控制
其中最重要的基地之一，它能使到後殖民社會或人去創造自我的
意象，從而把自己從帝國主義壓迫之下解救出來。[22]老舍住在新
加坡之後，親身感受到被殖民者的痛苦，所以才會拿出「民族崇
拜」這種語言使用。老舍在華僑中學教書，學生都很激進，雖是
中學，卻是反殖民主義的重要學府。〈我怎樣寫《小坡的生日》〉
一文中有下面二段文字：

　　　　我教的學生差不多都是十五六歲的小人兒們。他們所
說的，和他們在作文時所寫的，使我驚異。他們在思想上

的激進，和所要知道的問題，是我在國外的學校五年中所
未遇到過的。不錯，他們是很浮淺；但是他們的言語行動
都使我不敢笑他們，而開始覺到新的思想是在東方，不是
在西方……

　　在今日而想明白什麼叫革命，只有到東方來，因爲東
方民族是受著人類所有的一切壓迫；從哪兒想，他都應當
革命。這就無怪乎英國中等階級的兒女根本不想天下大事，
而新加坡中等階級的兒女除了天下大事什麼也不想了。…
…我一遇見他們，就沒法不中止寫「大概如此」了。一到
新加坡，我的思想猛的前進了好幾丈，不能再寫愛情小説
了！這個，也就使我決定趕快回國來看看了。（《老舍文
集》，15:182–183）

《小坡的生日》是1929年10月至1930年在新加坡的作品。
全書六萬字、在新加坡寫了四萬，後二萬字是1930年2月底回去
上海在鄭振鐸家完成。老舍自稱由於沒有時間到馬來半島各處考
察，教書的生活把他拴在新加坡，因此放棄撰寫南洋華僑的大書
之計劃，只寫「最小最小的那個南洋。」這本小說雖然「以小孩
子爲主人翁，不能算作童話」，因爲裡面有「不屬於兒童世界的
思想」。他所謂不屬兒童的思想，是指「聯合世上弱小民族共同
奮鬥」的反殖民主義主題：

　　以小孩爲主人翁，不能算作童話。可是這本書的後半
又全是描寫小孩的夢境，讓貓狗們也會説話，彷彿又是個
童話。前半雖然是描寫小孩，可是把許多不必要的實景加
進去；後半雖是夢境，但也時時對南洋的事情作小小的諷
刺。總而言之，這是幻想與寫實夾雜在一處，而成了個四
不像了。不屬於兒童世界的思想是什麼呢？是聯合世界上

弱小民族共同奮鬥，此書中有中國小孩，馬來小孩，印度
小孩，而沒有一個白色民族的小孩。在事實上，眞的，在
新加坡住了半年，始終沒見過一回白人的小孩與東方小孩
在一塊玩耍。這給我很大的刺激，所以我願把東方小孩在
一塊玩一處玩，將來也許立在同一戰線上去爭戰！（《老
舍文集》，15:180–181）

在《小坡的生日》裡，老舍創造了小坡，一個在新加坡土生
土長的小孩子，代表第二代的華人思想意識已本土化，已成爲落
地生根的新加坡人。小坡的父親是一個標準的早期的華僑移民，
有宗鄉偏見，可是出生於新加坡小坡一帶的小坡，摒棄宗鄉主義，
不分廣東或福建，同時也團結其他種族的小孩來對付共同的敵人。
老舍以這樣的故事製造了一種多元種族多元文化的社會寓言：當
沙文主義的父母不在家時，小坡和妹妹仙坡決定打破籍貫，種族
和語文之藩籬，邀請二個馬來小姑娘，三個印度小孩，兩個福建
小孩，一個廣東胖子到屋子後面的花園遊戲。他們像一家人，講
著共同的語言。小說後半部描寫小坡在夢中與其他小孩應付共同
的敵人，大概就是暗示老舍所說民族聯合起反對殖民主義的寓言
吧。小說中花園的意象經常出現，這又是暗示新加坡是一個花園
城市國家的寓言。老舍在小說中故意把白人忽略，因爲這土地是
亞洲各民族所開墾，原不屬於殖民主義者。㉓

《小坡的生日》童話後面對多元種族，多種語文與文化的新
加坡社會，尤其花園城市之寓言，就是老舍用來逆寫（write
back）康拉德小說中的南洋。老舍通過創作一本小說，糾正白人
筆下「他者的世界」。老舍在新加坡親身經驗到的被殖民者的痛
苦經驗雖然只有半年，但是由於他在之前，已在英國住了五年，
而大英帝國正是當時新加坡的殖民地，所以老舍很快的就有深入

廣泛的對殖民主義者及被殖民者的了解。《小坡的生日》小說中寓言，多元種族多元文化時代之爭取與來臨，正是本土文化與帝國文化相衝突，強調本土文化與帝國之不同的思考所發出之火花。㉔

五、「現在我已不再被康拉德的方法迷惑著」

因著康拉德的影響，老舍被他送去南洋，到了新加坡，老舍理解到最使他佩服和沉迷的康拉德的南洋群島的小說，是他寫不來的，因為「我並不想去冒險，海也不是我的愛」，康拉德是海洋文學之王，「他不准我模仿」。老舍又說「我最心愛的作品，未必是我能仿造的。」在1935年老舍寫〈一個近代最偉大的境界與人格的創造者〉的時候，他承認「現在我已不再被康拉德的方法迷惑著」：

> 現在我已不再被康拉德的方法迷惑著。他的方法有一時誘惑力，正如它使人有時候覺得迷亂。它的方法不過能幫助他給他的作品一些特別的味道，或者在描寫心理時能增加一些恍惚，迷離的現象，此外並沒有多少好處，而且有時候是費力不討好的。康拉德的偉大不寄在他那點方法上。（《文集》，15:302）

同時老舍也宣布康拉德並沒有什麼偉大的思想，他的偉大是製造虛幻的請調、悲觀的氣氛：

> Nothing，常常成為康拉德的故事的結局。不管人有多麼大的志願與生力，不管行為好壞，一旦走入這個魔咒的勢力圈中，便很難逃出。在這種故事中，康拉德是由個航員而變為哲學家。……「你們勝過不了所在的地方。」他並沒有什麼偉大的思想，也沒想去教訓人；他寫的是一種請調，這請調的主音是虛幻。他的人物不盡是被環境鎖

住而不得不墮落的，他們有的很純潔很高尚；可是即使這樣，他們的勝利還是海闊天空的勝利，nothing。（《文集》，15:306）

為什麼他說康拉德沒有什麼偉大的思想呢？老舍固然是指小說不並依靠偉大的思想才會成為不朽之作，但這裡大概也有暗藏著不能接受康拉德小說中白人的東方主義觀點。㉕下面這一段所說的「白人冒險精神與責任心」很明顯的是指到海外殖民與搶奪當地人的財富，走進「夢幻」，顯然是指到了東方，白人的道德法治精神，為了滿足殖民搶奪的要求，整個崩潰與淪落：

> 由這兩種人——成功的與失敗的——的描寫中，我們看到康拉德的兩方面：一方面是白人的冒險精神與責任心，一方面是東方與西方相遇的由志願而轉入夢幻。（《老舍文集》，15:306）

《逆寫帝國：後殖民文學的理論與實踐》一書嘗試給後殖民文學與理論尋找定義。其作者指出，關心本土文化與思想意識、顛覆西方文學的主題思想，以歐洲為中心的文化霸權相抗衡的理論、民族主義意識是主要的後殖民文本的獨有特點㉖。這些意念，強烈的或隱伏的出現在老舍對康拉德的批評及其小說《二馬》、《小坡的生日》文本之中。早在1930年代，老舍就因在大英帝國的中心倫敦住了五年，然後又到過英國殖民地新加坡半年，便產生了其後殖民文學的論述與作品。老舍的這種前衛文學理論與創作，實在令人驚嘆佩服。

【附　註】

① 參考 Bill Ashcroft, Gareth Griffiths and Helen Tiffin (eds), *The Post Colonial Studies Reader* (London: Routledge, 1995), p.1。

② 同上，pp.117-141。

③ Bill Ashcroft, et al. (eds) *The Empire Writes Back: Theory and Practice in Post-Colonial Literatures* (London: Routledge, 1989), pp.1-2; *the Post Colonial Studies Reader,* pp.119-141。

④ Chinua Achebe, "An Image of Africa", *Massachusetts Review 18* (1977), pp.782-94。

⑤ 在後現代的批評中，目前不管從讀者反應批評（Reader Response Criticism）文化批評（Cultural Criticism）論康拉德的殖民思想批評都以Chinua Achebe的論點作爲出發點。見 *Joseph Conrad Heart of Darknes,* Ross Murfin (ed.); Second Edition (Boston: Bedford Books of St. martin's Press, 1996), pp.131-147; pp.258-298。

⑥ 這些文章依序見《老舍文集》（北京：人民文學出版社，1993），14:25-32; 15:178-183; 15:298-307; 15:541-547。本文以後的引文，爲了省略起見，在引文後註明卷數與頁數。

⑦ 關於老舍在倫敦（1924-1929），參考李振杰《老舍在倫敦》（北京：國際文化出版社，1992），關於老舍在新加坡加見王潤華〈老舍在新加坡的生活和作品新探〉及〈老舍在《小坡的生日》中對今日新加坡的預言〉，見《老舍小說新論》（臺北：東大圖書公司，1995），pp.1-28,29-46。

⑧ 這些小說可以 *Heart of Darkess, Almayer's Folly, The Lagoon* (New York: Dell Publishing Co. 1960) 內所收的三篇小說爲代表。

⑨ 有關後殖民文學的中文論述目前已有不少，但都是近十年才出現，如張京媛（編）《後殖民理論與文化認同》（臺北：麥田出版，1995）；英文論述有關康拉德的殖民觀點，參考前註⑤一書中的論文。

⑩ 我在〈從康拉德的熱帶叢林到老舍的北平社會〉、〈從康拉德偷學

來的「一些招數」：老舍《二馬》解讀〉、〈《駱駝祥子》中《黑暗的心》的結構〉都有討論到老舍對康拉德的批評，見《老舍小說新論》，pp.47-78; 79-110; 143-170。

⑪　關於《小坡的生日》，我曾在〈老舍在《小坡的生日》中對今日新加坡的預言〉有所討論，見《老舍小說新論》，pp.29-48。

⑫　我在〈老舍在新加坡的生活和作品新探〉曾探討過他在新加坡的活動，見《老舍小說新探》。pp.1-28。

⑬　同註⑥，15:181。

⑭　《老舍文集》，9:257-263。

⑮　〈我的創作經驗〉，《老舍文集》，15:291。

⑯　〈我怎樣寫短篇小說〉，《老舍文集》，15:194。

⑰　〈我怎樣寫《老張的哲學》〉，《老舍文集》，15:165-166。

⑱　見註⑩。

⑲　《二馬》見《老舍文集》第一卷，pp.397-646。

⑳　如《黑暗的心》的克如智（Kurtz）在剛果內地為了創奪象牙而剝削土人，連白人也成為他的敵人；《阿爾邁耶的愚蠢》的林格（Tom Lingard）、《淺湖》中的無名白人；《群島流浪者》的威廉斯（Willems）都捲進陰謀鬥爭中，成為道德敗壞之白人。

㉑　關於從後殖民理論論華文文學作品的一些例子，見張京媛（編），《後殖民理論與文化認同》（臺北：麥田出版公司，1995）；王潤華〈橡膠園內被歷史遺棄的人民記憶：反殖民主義的民族寓言解讀〉《南洋學報》，第52卷（1998年8月），pp.137-145。本人另有〈魚尾獅與橡膠樹：新加坡後殖民文學解讀〉，加州大學（UCSB）1998年世界華文學專題討論會議文，1998年8月19-30。

㉒　*The Post-Colonial Studies Reader,* pp.151-152。

㉓　參考王潤華〈老舍在《小坡的生日》中對今日新加坡的預言〉《老

舍小說新論》同前註⑦，pp.29-46。

㉔ *The Empire Writes Back,* 見前註③，p.2。

㉕ 本文所用東方主義一詞，主要指Edward Said在其 *Orientalism*（New York: Pantheon, 1978）一書中所用的涵義，包括西方在政治、社會、文學作品中對東方所持的文化優越感的偏見，它是一種西方統治、重新建構和支配東方的話語。它代表西方文化霸權之存在。中文之評述見張京媛〈彼與此〉《後殖民理論與文化認同》，同前註⑨，pp.33-50，及廖炳惠〈文學理論與社會實踐：愛德華‧薩伊德於美國批評的脈絡〉，《文學的後設思考》（臺北：正中書局，1991），pp.130-155。

㉖ *The Emprie Writes Back*，見前註③，*pp.1-12；15-20*。

中國最早的後殖民文本

——老舍的《小坡的生日》對
今日新加坡的後殖民預言

一、過去學者對《小坡的生日》之看法及評價

　　胡金銓在《老舍和他的作品》的前言中說，有資格說老舍（
1899-1966）的作品的人，首先要能喝北平道地的「豆汁兒」及
欣賞「小窩頭」，其次需要和老舍有「共同的語言」。當然，除
了這些「地緣」的條件，還需要其他的文學修養①。如果胡金銓
這一番話是正確的話，恐怕老舍著作之中，有一本長篇小說是例
外的，那就是老舍在新加坡創作的《小坡的生日》。

　　我認為，只有愛吃新加坡和馬來西亞盛產的，被稱為熱帶水
果之王的榴蓮及欣賞咖喱飯的人，才配談老舍的《小坡的生日》。
榴蓮對以新馬為家鄉的華人來說，其強烈的味道，芬芳無比，使
人往往一吃便不能罷休，嗜之如命，所以有「榴蓮出，沙籠脫」
之故事，那是指本地馬來人，在榴蓮成熟的季節，常常因為貪吃
榴蓮，而把褲子當掉。可是初到新馬一帶的人，一嗅到榴蓮，便
要掩鼻屏息的逃走。他們覺得其味道奇臭無比，比貓糞更惡臭。
至於咖喱，即使會吃很辣的湖南或四川菜的人，也未必欣賞咖喱，
因為他們受不了滲雜了各種各類香料的咖喱味道。

　　我檢查目前學者對「小坡的生日」之研究文字，發現喝過「
豆汁兒」，吃過「小窩頭」，或懂得北平話的神韻，了解它的幽

默,明白它的「哏」②的人,都不懂得老舍《小坡的生日》的重點和價值在什麼地方,所以《小坡的生日》在中國,始終沒有引起中國讀者的注意和批評家的好感。

㈠中西學人的見解

夏志清在論老舍的著作中,只用一個句子,就把《小坡的生日》交待過去。他說這是「給兒童寫的童話」③。胡金銓認為「《小坡》的內容並不精彩,它既不像童話,也不像『成人讀物』」④。馬森的〈論老舍的小說〉,是中國人所寫的文字中,用字較多的一篇。他認出老舍在新加坡的經驗對其思想有重大的影響,不過他還是看不出童話後面有價值的預言。他說:這本書與其叫做小說,不如叫做「童話」,「同時不像Saint-Exupery的《小王子》那種成年人的童話,竟只是一片浮浮泛泛的夢囈而已。」⑤

西方學者比中國學者更注意這本小說,也比較有見解,但是仍然不能深入小說的核心去看問題。 Ranbir Vohra在他的《老舍與中國革命》一書中,認為《小坡的生日》沒有新加坡社會與政治內涵,也沒有反映他在中學所認識的有新思想的學生。Zbigniew Slupski的《老舍小說研究》,認為這本小說表現了老舍小說藝術的特長,譬如幽默輕鬆的筆調,描寫細致深入,吸引人的淺顯的敘述風格⑥。

其實目前學者所注意到的一些問題,都受了老舍自己在〈我怎樣寫《小坡的生日》〉中所發表的意見的影響。老舍自認對這小說有所不滿,因為它不是傳統式的童話,它把「幻想與寫實夾雜在一起,而成了四不像了」。不過也有令他感到成功的地方:「最使我得意的地方是文字的淺明簡確。有了《小坡的生日》,我才明白了白話的力量;我敢用最簡單的話,幾乎是兒童的話,描寫一切了。」⑦

㈡應該深入童話裡面，了解其社會內涵

至目前爲止，還沒有人打開《小坡的生日》最重要的內涵，發現它的價值，最主要的一個原因，讀這本小說的中國人或西方人，都通過中國人的文化、社會和價值觀點來看問題，他們既未吃過榴蓮或穿過沙籠，對小坡的新加坡完全陌生。當他們在小說中，找不到老舍其他小說中的中國社會問題，便大失所望。

我在上面引述胡金銓的話，說研究老舍的小說，需要喝過「豆汁兒」，吃過「小窩頭」，因爲這位北平作家的作品中，語言和地方色彩都極重要。同樣的，如果讀者對當時南洋的華僑社會一無所知，對新加坡多元種族的社會教育問題完全陌生，讀《小坡的生日》，則看不懂兒童們的兒戲所表現的意義。因此多數沒有新加坡經驗的讀者，無法對《小坡的生日》感到興趣，更談不到看出深藏在兒童故事中各種對新加坡社會的眞知灼見及準確的預言。

所以至目前爲止，欣賞它的人，只停留在童話故事、語言藝術上頭。

二、老舍的新加坡經驗

要研究《小坡的生日》，最好從老舍的新加坡經驗談起。

《小坡的生日》是老舍1930年在新加坡寫的。全書6萬字，在新加坡完成4萬字，後面2萬是離開新加坡回到中國在上海鄭振鐸的家完成的。他曾經過樣回憶創作的經過：

> 上半天完全消費在上課與改卷子上。下半天太熱，非四點以不能作什麼。我只能在晚飯後寫一點。一邊寫一邊得驅逐蚊子。……地方的情調是熱與軟，它使人從心中覺到不應當作什麼。我呢，一口氣寫出一千字已極不容易…

…朋友們稍爲點點頭，我就放下筆，隨他們去到林邊的一間門面的菜館去喝咖啡了。從開始寫直到離開此地，至少有四個整月，我一共才寫成四萬字，沒法兒再快。這本東西通體有六萬字，那末後兩萬是在上海鄭西諦兄家中補成的。⑧

㈠寫那個最小最小的南洋：新加坡

我們並不知道很多老舍在新加坡的生活。目前所知，主要根據他自己在〈我怎樣寫《小坡的生日》〉一文中的片斷回憶。

老舍在1924年到英國倫敦大學的東方學院教中文。1929年10月回中國的途中，抵達新加坡後就停留下來。據說曾在新加坡的南洋華僑中學教書⑨。在英國的時候，他讀了英國小說家康拉德的許多小說，許多都以南洋爲背景⑩。因此老舍也想找些材料，寫一部有關南洋華僑生活的小說。他後來這樣回憶南洋之行的目的：

離開歐洲，兩件事決定了我的去處：錢只夠到新加坡的；第二我久想看看南洋。於是我坐了三等艙到新加坡下船。爲什麼我想看看南洋呢？因爲想找寫小說的材料，像康拉德的小說中那些材料。……他的著作中的主角多是白人；東方人是些配角，有時候只在那兒作點綴，以便增多一些顏色……我想寫這樣的小說，可是以中國人爲主角，康拉德有時候把南洋寫成白人的毒物——征服不了自然便被自然吞噬，我要寫的恰與此相反，事實在那兒擺著呢：南洋的開發設若沒有中國人行麼？中國人能忍受最大的苦處……⑪

可是教書的生活把他拴在學校裡，他沒有時間，也沒有錢到各處觀察。由於急著要回中國，而又強迫自己創作，所以他放棄寫南洋華僑史的大書之計劃，而寫每天熟悉的小天地裡的小人物：

打了個大大的折扣，我開始寫小坡的生日。我愛小孩，我
注意小孩子們的行動。在新加坡，我雖沒工夫去看成人的
活動，可是街上跑來跑去的小孩，各種各色的小孩，是有
意思的。……好吧，我以小人們作主人翁來寫出我所知道
的南洋吧。恐怕是最小最小的那個南洋吧。⑫

(二)小說中有不屬於兒童世界的思想

老舍自己說過，這本小說雖然「以小孩子為主人翁，不能算
作童話」，因為裡面有「不屬於兒童世界的思想」⑬，因此當我
們閱讀《小坡的生日》時，絕不能忘記這是老舍通過童話的形式，
以小孩為主人，來寫他所知道的南洋，「最小最小的那個南洋」。
由此可見，老舍想要創作一部思想性很深的小說，而且立意要挖
掘出一些重要的南洋華僑與當地社會的問題。

從法國的馬賽到新加坡的船上，老舍曾寫了4萬多字的愛情
小說，可是到新加坡後，他就感到沒有胃口寫下去。他說：「文
字寫的不錯，可是我不滿意這個題旨。設若我還在歐洲，這本書
一定能寫完。可是我來到新加坡，新加坡使我看不起這本書了。」⑭
老舍對新加坡年輕一代的體認，是讀《小坡的生日》的人需要知
道的：

> 我的學生差不多都是十五六歲的小人兒們。他們所說
> 的，和他們在作文時所寫的，使我驚異。他們在思想上的
> 激進，和所要知道的問題，是我在國外的學校五年中所未
> 遇到過的。不錯，他們是很浮淺，但是他們的言語行動使
> 我不敢笑他們，而開始覺到新的思想是在東方，不是在西
> 方……
>
> 在今日而想明白什麼叫作革命，只有到東方來。因為
> 東方民族是受著人類所有的一切壓迫；從哪兒想，他都應

當革命。這就無怪乎英國中等階級的兒女根本不想天下大事，而新加坡中等階級的兒女除天下大事什麼也不想了。……我一遇見他們，就沒法不中止寫「大概如此」了。一到了新加坡，我的思想猛的前進了好幾丈，不能再寫愛情小說……⑮

老舍既然認爲愛情小說不值得寫，他當然也不會寫純幻想的童話。如果我們深入童話的裡面，作一些小心的考察，果然是一部思想性很強的小說。作者只是把嚴肅的主題，通過輕鬆的童話間接的表現出來。小坡是老舍1930年在教室裡常看見的學生，他的一言一行，都是與新加坡的社會有密切關連的。

三、從新加坡的觀點看《小坡的生日》

老舍要表現「最小最小的那個南洋」是新加坡。新加坡是南洋群島中最小的一塊土地，但也最有代表性。因此，作者想從新加坡透視南洋華僑與當地社會的問題。

㈠現代新加坡：花園城市的構想

目前居住在新加坡的人，如果細心的閱讀一遍《小坡的生日》，首先他必會對老舍在小說中所描繪的「花園」意象感到驚訝。小說的第四與第五章題名「花園裡」與「還在花園裡」。這個主人翁小坡屋後的花園在其他章裡也有出現。小說的第十章「生日」是寫小坡到植物園遊玩。其餘後半部描寫小坡的夢境，也是發生在樹林和花園裡。

小坡生活在花園裡。這個花園成爲他和其他民族小孩的天堂。小坡的父母親都是早一輩華僑移民的典型人物，不但跟其他籍貫的華僑不和，而且把自己跟整個社會孤立起來。可是當他們不在家的時候，小坡就把印度、馬來小孩，廣東及福建小孩請到屋後

的花園裡玩遊戲。他們彼此講著共通的語言，都喜歡吃咖喱飯，輪流唱各民族的歌，而且互相欣賞。這個花園中的遊戲不正是象徵新加坡各民族和諧共處，在各種文化中團結一致嗎？

今天的新加坡人，看了小說中花園的結構，一定會深深的佩服老舍的遠見。在1930年，他心目中居然就有「花園城市」的藍圖，實在不簡單。新加坡自1965年獨立後，雖然速度飛快的走向工商業化，為了讓人民多多跟自然界接觸，有計劃地大力美化和綠化環境，使得現代化的城市依然清潔和青翠。原來就是草木叢生的熱帶島嶼，一下子就把世界遊客吸引住了。所以現在新加坡被稱為花園城市，完全實現了人民的願望，而這個理想，60多年以前，老舍就看到了。

我想老舍以花園來象徵小坡住的新加坡，並非出於偶然或巧合的神來之筆。老舍從中國北方或四處煙霧的倫敦來到新加坡，一定被南洋地區得天獨厚的翠綠樹林所迷住。他在第三章，就這樣介紹小坡的世界：

> 小坡所住的地方——新加坡——是沒有四季的，一年到頭老是很熱。不管常綠樹不是（……），一年到晚葉兒總是綠的。花兒是不斷的開著，蟲兒是終年的叫著，小坡的胖腳是永遠光著……所以小坡過新年的時候，天氣還是很熱，花兒還是美麗的開著，蜻蜓蝴蝶還是妖俏的飛著……⑯

當新加坡要從70年代過渡到80年代時，政府最近已公布嚴密的計劃，要把「花園城市」進一步變成赤道上的伊甸園（Garden of Eden），想盡辦法把鳥群和蜜蜂帶回這個鋼骨水泥的森林中。最近不但停車場上讓翠綠的草長在水泥地的夾縫裡，電燈柱都開始爬滿了藤蔓，翠綠的葉把灰色的鐵柱包圍起來⑰。

㈡花園裡多元種族的社會生活

小坡的爸爸媽媽是廣東華僑。他們討厭一切「非廣東人」，對其他種族的人也有很大的偏見。他們的孤立態度，加深了與其他省籍的人或不同種族的人之間的差異。小坡的哥哥也學了這個壞毛病：

> 哥哥是最不得人心的……一看見小坡和福建，馬來，印度的孩子們玩耍，便去報告父親，惹得父親說小坡沒出息。小坡鄭重的向哥哥聲明，「我們一塊兒玩的時候，我叫他們全變成中國人，還不行嗎？」（17頁）

老舍在小說裡，故意安排在一個年假裡，當沙文主義很強的父母不在家時，小坡和妹妹仙坡決定打破籍貫、種族和語文之藩籬，邀請了兩個馬來小姑娘，三個印度小孩，兩個福建小孩，一個廣東胖子到花園遊戲。他們像一家似的，講著共同的語言，玩得非常開心。很顯然的，老舍是要塑造一個多元種族的社會形象。

各民族小孩在花園遊戲之前，老舍已在第二章「種族問題」中替小坡解決了種族問題的疑惑。小坡雖然生長在廣東籍的華僑家中，父母非但瞧不起一切非廣東籍的華僑，對別族的人有更大的偏見。但是小坡天真，毫無偏見，「他以為這些人都是一家子的，不過是有的愛黃顏色便長成一張黃臉，有的喜歡黑色便來一張黑臉玩一玩。人們的面貌身體本來是可以隨便變化的」。（16-17頁）小坡曾把印度人的紅巾往頭上一纏，就覺得自己臉上發黑，鼻子也高了，馬上像印度人，他在新加坡地圖上並沒有看見中國、印度等地方，因此新加坡是屬各民族的。有一次他以這樣的理由去說服他媽媽，要她相信各民族都是一樣平等的人：

> 「你看，咱們那幾隻小黃雛雞，不是都慢慢變成黑毛兒的，和紅毛兒的了嗎？小孩也能這樣變顏色。」（19頁）

　　新加坡當地各族人民跟新加坡認同，只是第二次世界大戰以後才覺醒的現象。老舍在新加坡的時候，華人、印度人、馬來人和其他種族，都是季候鳥。他們移民到東南亞各地，主要是尋找生活。而老舍當時就看出歷史的方向，當地人應有的抉擇，而且通過天眞無邪的小坡提出來，他確是極有政治遠見。小坡向新加坡認同，認定新加坡是他的家鄉，而且接受多元種族主義的民主生活方式。

㈢各族小孩上一種學校，一起遊戲

　　第六、七及八章是通過小坡所看見的各族小朋友的學校，來反映各種不合理的古怪現象，並暗示理想的各民族混合的教育制度。

　　一個月的年假結束後，小坡與各族朋友便分別回到各自的學校去。小坡是廣東人，父親便把他送進一間廣東學校去。他的級任先生常常在講台上睡覺，因此他隨時可以溜出教室外去玩耍。南星（一個廣東小孩）一個月只上一天學，每月一號拿學費給教師，以後就不必再去。三多（一個福建小孩）每天留在家，父親請了一個頑固的老頭每天教他死背書。兩個馬來小姑娘上的馬來學校也很古怪。每天早11點才上學，見過老師後便可以回家，兩個印度兄弟念英文學校，小坡認爲那是最理想的，因爲各民族小孩都有。可是教師也非常馬虎，而且都是藍眼睛的大姑娘。他想轉校，父親說：「廣東人上廣東學校，沒有別的可說！」（57頁）因此

　　　　小坡納悶：爲什麼南星不和他在一個學校念書，要是大家成天在一塊兒夠多麼好！……還更有不可明白的事呢；大家都是學生，可是念的書都不相同，而且上學的方法也不一樣。（55頁）

　　小坡感到「納悶」的問題，早期新加坡的領袖也有同感。今天還在努力完全實現小坡的理想：讓各種族學生天天生活在同一類型的學校裡，一起讀相同的課程，一起玩同樣的遊戲。因此只有在統一的教育制度下，才能像小坡所幻想的，各民族小孩長大後，超越種族、語言、生活習慣的藩籬而成為新一代的新加坡人。

　　小坡的天真無邪的構想，新加坡政府一直到1959年才開始試驗。那時政府便設立混合學校，將不同語言源流的學童集合於同一學校裡。1965年以後，新加坡政府更大力推行兩種語文制度，家長除了為子女選擇任何一種官方語文（華、巫、英及淡米爾文）作為教學媒介語外，現在還要選讀第二語文。最後的目的是要新加坡人彼此可以用英語或其他母語直接交談⑱。

　　舊式的殖民地時期的種族學校，加深各族間的差異，促成彼此隔膜的永久性，這是各民族向新加坡認同的一大障礙。小坡很機智的認為英校最好。殖民地時期，其中英文學校確是發展得最好，可是還是有著同樣的缺點。早在60多年前，如果老舍直接的提出多元種族社會的教育政策，批判種族學校，一定會被華僑大罵忘本的王八。可是通過幼稚無知的小坡的感慨說出來，童言無忌，就自然得多了。

　　可惜至今還是很少人注意到這個預言的。

　　老舍在《我怎樣寫〈小坡的生日〉》中回憶道：

　　　　在新加坡住了半年，始終沒見過一回白人的小孩與東方小孩在一塊玩耍。這給我很大的刺激，所以我願把東方小孩全拉到一處去玩，將來也許在同一戰線上去爭戰！⑲

　　我在上面已說過，老舍把東方小孩安排在「花園」裡玩的結構，就暗藏著各民族團結一致的題旨。而小說後半部（共九章）描寫小坡的夢境的故事，就是暗示各族的下一代孩子聯合起來，

改革舊制度。

　　夢境的最高潮，是小坡團結了南星、三多以及馬來和印度小孩共同攻打糟老頭——他是三多的私塾老師，落後教育的象徵，所以老舍故意以他作為各民族小孩鬥爭的對象。

　　老舍說：「後半雖是夢境，但也時時對南洋的事情作小小的諷刺。」⑳因為他只寫自己較熟悉的南洋問題，諷刺的對象也只針對與小孩有關的教育問題。

㈣新一代的新加坡人：小坡

　　新加坡以前是移民的聚集地。每個人只顧及自己，小坡的父親便是一個標準的早期的華僑移民。可是出生於新加坡小坡一帶的小坡，卻產生了新加坡意識。他向新加坡認同，接受新加坡是一個多元種族社會的事實，所以他打破種族隔膜與偏見。如上所述，他的想法和態度，都符合多元種族社會人民的特質。

　　小坡在小朋友中，時常見義勇為，同學「受了別人的欺侮，不去報告先生，總是來找小坡訴苦」。（63頁）他打架，十回總有九回是維持公道。人也機智靈巧，有極大的適應環境的能力：

> 母親買東西一定要帶著小坡，因為他會說馬來語又會挑東西，打價錢，而且還了價錢不賣的時候，他便搶過賣菜的或是賣肉的大草帽兒，或是用他的胖手指頭戮他們的夾肢窩，於是他們一笑就把東西賣給他了。（25頁）

　　小坡的年齡約10歲。小說是在1930年寫的。那麼小坡今年約50多歲。目前新加坡最能幹的國家領袖中年長的一輩跟小坡是同一代的人。可見得老舍雖然在新加坡的中學和街邊觀察了只有半年，他卻看出許多小孩像小坡，會成長成為新加坡多元種族國家的好領袖。

四、結　論

　　由上面的分析，我們現在應該明白為什麼老舍在〈我怎樣寫
《小坡的生日》〉中，說這個童話中有「不屬於兒童世界的思想」。
至於他說他寫這本小說的時候，是「腳踏兩隻船」，很顯然的，
這是指他努力把小孩的「天真」與他自己的「思想」都寫進去了。

　　讀《小坡的生日》，如果只看到表面的童話的故事，你會覺
得那是一本很淺陋的小說；可是你一旦考察到童話後面對新加坡
今日社會的預言，你會由於預言的一一實現而沉迷其中。所以不
熟悉華僑史，或不了解今天新加坡的人，我勸他在未讀《小坡的
生日》之前，先看看有關新加坡發展及社會變遷的書。

【附　註】

① 見胡金銓，《老舍和他的作品》（香港：文化・生活出版社，1978），1-2
　 頁。

② 同上，1至2頁。

③ 見C.T.Hsia, A History of Modern Chinese Fiction (Yale University
　 Press, 1961), pp.166-167。

④ 胡金銓，《老舍和他的作品》，69頁。

⑤ 馬森，《論老舍的小說》(一)，《明報月刊》，68期（1971年8月），
　 41-42頁。

⑥ Ranbir Vohra, *Lao She and the Chinese Revolution*（Cambridge,
　 Mass: Harvard Universv Press, 1974），pp.53-57。 Zbigniew
　 Slupski, *"The Works of Lao She During the First Phase of His
　 Career,"* Studies in Modern Chinese Literature (Berlin Akademie
　 Verlag, 1964），pp.77-95。

⑦　見老舍，《老牛破車》（香港：宇宙書店，1969再版），28-29頁。

⑧　見《老牛破車》，26-27頁。

⑨　關於老舍在英國的生活，參考寧恩承，〈老舍在英國〉，《明報月刊》5卷5及6期（1970年5及6月），17-23，53-65頁。關於老舍在新加坡，見林萬菁，《中國作家在新加坡及其影響》（新加坡：萬里書局，1979），19-22頁。

⑩　康拉德以南洋爲故事背景的小說很多，較著名的有*Almaver's Folly* (1895)，*An Outcast of the Island* (1896), *Lord Jim* (1900)等 。

⑪　《老牛破車》23-24頁。

⑫　同上，26頁。

⑬　同上，27頁。

⑭　同上，30頁。

⑮　同上，30頁。

⑯　老舍，《小坡的生日》（上海：晨光出版公司，沒有日期），23頁以下論文中所有引文,均根據這版本。

⑰　見1979年5月11日新加坡《海峽時報》報導"Bringing Singapore Closer to a Garen of Eden"。關於較早的花園城市發展計劃，見曹福昌，《公共建屋,市區重建及環境變遷》，收集於《朝向明天》（新加坡：教育出版社，1974），39-56頁。

⑱　參考張泰澄，〈新的新加坡人〉及拉欣依薩，〈教育程序與建國〉，收集於《朝向明天》，17-26頁及57-68頁。

⑲　《老牛破車》，28頁。

⑳　同上，27頁。

從反殖民到殖民者

──魯迅與新馬後殖民文學

一、從魯迅榮獲百年小說冠軍談起：世界性的魯迅神話

　　今年（1999）6月，在二十世紀只剩下最後二百天的時候，《亞洲周刊》編輯部與十四位來自全球各地的華人學者作家，聯合評選出《二十世紀中文小說一百強》。魯迅的《吶喊》奪得自清末百年來，在全球華文作家中最重要的一百部小說的冠軍。魯迅的第二部小說集《徬徨》也登上第十二名的位置。生於1881年，卒於1936年，逝世63年後的魯迅，得到了評選人毫無爭議的推崇，他們給他的小說投下高票，一再肯定魯迅的重要性。①

　　魯迅為何是世紀冠軍？當我們正要跨進二十一世紀時，這是值得令人思考的世界華文文學的共同性問題。百年來的華文文學經典作品，正如《二十世紀中文小說一百強》排行榜的作品所顯示，以三、四十年代寫實的作品為主導力量。所以魯迅、沈從文、老舍、錢鍾書、茅盾、巴金、蕭紅七人的代表作高居前十名榜首。百年來的小說，儘管隨文學潮流、美學經驗變化無窮，從中國大陸、香港、臺灣到東南亞及歐美各地區，不論作者住在第一世界還是第三世界，獨立自主還是殖民地的國家地區，處處還是展現清末譴責小說中逐漸形成，在魯迅及其同代人所推展的現代文學作品的人文啟蒙精神，知識分子感時憂國的情懷與歷史使命感、國族的寓意主題。②

魯迅是中國採用西式文體寫小說的第一人，幾乎可以說中國現代小說在魯迅手中開始，在魯迅手中成熟。魯迅最早受到自由主義派的作家學者如胡適、陳西瀅的肯定。在1929年他開始向左派靠攏之前，左派批評家對他大力攻擊。可是在他最後的六年裡，成為左派文藝界的文化偶像。1936年逝世後，在毛澤東及中國共產黨機器的宣傳下，產生了魯迅神話。毛澤東在1940年寫的〈新民主主義論〉，用盡了一切偉大的詞匯，塑造了他的偉大形象，於是魯迅神話便開始從中國大陸流傳到世界各地有中華文化的地方：③

> 在「五四」以後，中國產生了完全嶄新的文化生力軍，這就是中國共產黨人所領導的共產主義的文化思想，即共產主義的宇宙和社會革命論。……而魯迅，就是這個文化新軍的最偉大和最英勇的旗手。魯迅是中國文化革命的主將，他不但是偉大的文學家，而且是偉大的思想家和偉大的革命家。魯迅的骨頭是最硬的，他沒有絲毫的奴顏和媚骨，這是殖民地半殖民地人民最可寶貴的性格。魯迅是在文化戰線上，代表全民族的大多數，向著敵人衝鋒陷陣的最正確、最勇敢、最堅決、最忠實、最熱忱的空前的民族英雄，魯迅的方向，就是中華民族新文化的方向。④

毛澤東不但總結左右派文化界所肯定的魯迅，還加以神化，因此魯迅的偉大之處很多：㈠魯迅是共產主義的文化思想的最偉大和最英勇的旗手；㈡魯迅是中國文化革命的主將；㈢魯迅是偉大的文學家；㈣魯迅是偉大的思想家和偉大的革命家；㈤魯迅是最具有反殖民主義的性格與勇氣。

毛澤東和中國共產黨機器所製造的魯迅神話，在走進廿一世紀的今天，其效用已很過時，甚至產生厭倦與反感，但魯迅的神

化，至今還是歷久不衰，一百強中的魯迅，說明全球華人集體閱讀與寫作經驗，文化美學意識，還是受著魯迅神話的支配，因為魯迅神話已形成中國文化霸權或優勢文化的一個重要部分。

　　本文嘗試以新加坡與馬來亞（Malaya）（1957年獨立後改稱馬來西亞Malaysia），在第二次世界大戰前後的魯迅經驗，來解讀魯迅神話在新馬。由於新馬是英國殖民，曾受日本占領及統治三年零八個月，在戰後，又遭受以華人為主的馬來亞共產黨與英國殖民政府爭奪主權的戰爭，新馬當年的華人移民，因為要反殖民主義，反帝國主義侵略，力圖以民族主義為基礎來抵抗殖民文化，結果中國文化所建立的威力，最後對落地生根的華人來說，也變成一種殖民的霸權文化。因此新馬後殖民文學的文化霸權，成為解讀這問題極重要的一把鎖匙。

二、領導左翼聯盟之後：魯迅打著左派與革命的旗幟登陸新馬

　　魯迅在二十年代的新馬文壇，雖然已是知名作家，但他的知名度與地位並沒有特別重要，新馬逐漸抬頭的左派作家，反而嫌他思想不夠前衛，⑤因為從1923前後到1928年，無產階級與革命文學日益成長，至1928年太陽社創辦的《太陽月刊》，創造社的《創造月刊》，陸續創刊，共同推動無產階級革命文學。這時候，郭沫若就比魯迅有號召力，因為他們宣告第一個十年的文學革命已結束，現在已進入第二個十年的革命文學。後期的創造社與太陽社攻擊魯迅、茅盾、郁達夫，向五四時期已成名的作家開刀。⑥他們否定五四新文學傳統之言論，也引起了新馬左傾作家的回響。譬如在1930年，《星洲日報》副刊上就有一位署名陵的作者對魯迅的停滯不前甚感而失望：⑦

　　　　我覺得十餘年來，中國的文壇上，還只見幾個很熟悉
　　的人，把持著首席。魯迅、郁達夫一類的老作家，還沒有
　　失去了青年們信仰的重心。這簡直是十年來中國的文藝，
　　絕對沒有能向前一步的鐵證。本來，像他們那樣過重鄉土
　　風味的作家，接承十九世紀左拉自然主義餘緒的肉感派的
　　東西，那裡能捲起文藝狂風……。

另一位悠悠的作者也附和指責魯迅落後：⑧

　　　　事實上很是明顯，魯迅不是普羅文藝的作家，他與普
　　羅文藝是站在敵對地位的。是的，魯迅過去的作品很有一
　　點底價值，但過去畢竟成了過去，過去的文藝只有適合過
　　去的社會，當然不適合於現在的社會了。現在所需要的是
　　普羅文藝，魯迅既不是普羅文藝的作家，我們只當他是博
　　物院的陳列品。

正如章翰（韓山元）所說，「把魯迅當作一位文藝導師與左
翼文藝的領導人的人，在1930年以前，畢竟是少之又少。」⑨新
馬對中國文壇的反應，迅速敏感。1927至1930年間，新馬的無
產階級革命文學已取得主流的趨勢，其影響是來自創造社與太陽
社的無產階級革命文學理論。上面提到的作者就是當時極力推動
這運動的重要分子，由於無產階級及革命等字眼，不為英國殖民
政府所容忍，因此採用「新興文學」，⑩而他們言論完全是太陽
社和創造社的批評的回響，錢杏邨就認為魯迅的阿Q時代已死去，
沒有現代意味。⑪另一位《星洲日報》副刊上發表的滔滔的文章，說
得更直接，他們要的文學是《文化批評》刊登的作品：

　　　　《阿Q正傳》可是表現著辛亥革命時期代表無抵抗的
　　人生。《沉淪》、《塔》等類作品顯示出五四以的浪漫主
　　義的色彩。在《文化批評》等刊物上發表的或和它類似的

作品，是五四以後的，或者較確切點說，是「轉變」以後的東西……⑫

苗秀，一位在戰前已是很活躍的文學青年說：

> 中國新文學的每個階段的文藝思潮，中國文壇歷年來提出的種種口號，都對馬華文藝發揮著巨大的指導作用，都由馬華文藝寫作人毫無保留地全部接受下來。例如1928年後中國創造社及太陽社所提倡的「普羅文學運動」，首先就獲得許杰主編的吉隆坡益群報文藝副刊《枯島》響應，接著鄭文通主編的借南洋商報版位發刊的《曼陀羅》，新加坡叻報副刊《椰林》等刊物也紛紛響應，在馬華文壇掀起一陣相當激烈的新興文學熱潮，一時間普羅文學作品的寫作，蔚爲風氣。……⑬

在1929年9月前後，中國共產黨指示創造社、太陽社停止攻擊魯迅，讓他們同魯迅以及其他革命的同路人聯合起來，成立統一的革命文學組織，對抗國民黨的文化攻勢，特別是對革命文學、無產階級文學的扼殺。這樣歷時二年的論爭便停止。 1930年3月2日在上海成立中國左翼作家聯盟，沈端先、馮乃超、錢杏邨、田漢、鄭伯奇、洪靈菲七人爲常務委員。在大會上魯迅發表〈對於左翼作家聯盟的意見〉的重要說話。魯迅在後來幾年的領導地位，⑭很快便在新馬產生新的形象：他不只是新文學運動第一個十年的重要作家，更重要的是，他是反資產階級、左派的、屬於無產階級的革命文學的作家。

魯迅在新馬1930年以後的聲望，主要不是依靠對他的文學的閱讀所產生的文學影響，而是歸功於移居新馬的受左派影響的中國作家與文化人所替他做的非文學性宣傳。中國作家在 1927年北伐失敗，國民黨清黨期間，許多知識分子南渡新馬。 1937

年中國抗戰爆發到1942年新馬淪陷日軍手中，又造成不少作家
與文化人前來避難或宣傳抗日。第三個時期是1945年日本投降
之後，中國國內發生國共內亂的時候。⑮如果只以在南來之前，
就已成名的中國作家，這三個時期的南下作家就有不少：⑯

> 洪靈菲、老舍、艾蕪、吳天（葉尼）、許杰（1927-
> 1937）、郁達夫、胡愈之、高雲覽、沈茲九、楊騷、王
> 任叔（巴人）、金山、王紀元、汪金丁、陳殘雲、王瑩、
> 馬寧（1937-1941）、杜運燮、岳野、夏衍（1945-1948）。

但是如果把「中國作家」一詞包涵不只是著名的作家，還包括文
化人或南來以後才成名，甚至成為本地作家，則多不勝數了，所
以趙戎及其他學者也把丘家珍、陳如舊、白寒、丘康（張天白）、
林參天、絮絮、米軍、李汝琳、王哥空、李潤湖、上官犮（韋暈）
都看作中國南來作家。⑰

在這些南下的中國作家中，尤其一些左派文藝青年如張天白
（丘康），往往成為把魯迅神話移植新馬的大功臣。⑱他甚至高
喊「魯迅先生是中國文壇文學之父」的口號。⑲這些來自中國的
作家及文化人宣揚魯迅的文章，有些收錄在《馬華新文學大系》
的第一、二（理論批評）及十集（出版史料）。⑳

三、紀念魯迅逝世活動：魯迅神話在新馬的誕生

魯迅在1936年10月19日在上海逝世。《南洋商報》當天收
到從上海拍來的電報，第二天便在第二版發布一則新聞，標題是
〈魯迅病重逝世，享壽五十六歲，因寫作過度所致〉。新聞內容
也很簡短平實：㉑

> （上海電）以阿Q正傳而名馳中外之中國名作家魯迅
> （周樹人），已於昨晨在上海醫院病逝，享壽五十六歲，

　　他曾患肺病多月，迨至本月十七日因寫作過度，病況加劇
　　一蹶不起也。

《星洲日報》也在10月20日在第一版上報導魯迅的逝世，標題
是《我國名作家魯迅在滬逝世，因在上星期著述過勞，以痼疾加
劇遂告不治》，因內容是上海拍來的電報，內容平實簡要：㉒

　　　　（上海）名作家周樹人（別署魯迅）已於昨拾九日上
　　午在滬寓逝世。遺下一母一妻及一子，周氏乃因在上星期
　　內著述過勞，致痼疾加劇卒告不治。

　　我想新馬文化界對來自上海的電訊，一定非常不滿意，因此
新馬本地報紙在三天左右，快速的作出了強烈的反應，各報不斷
發表推崇魯迅的文章，而且都推出《魯迅紀念專號》，被認爲是
新馬文化界追悼一位作家最隆重、最莊嚴的一次，也是空前絕後
的一次。1937年10月19日舉行的魯迅逝世一周年紀念，居然有
34個團體參加。章翰在〈魯迅逝世在馬華文藝界的反應〉及〈馬
華文化界兩次盛大的魯迅紀念活動〉二文中詳細分析了這些追悼
魯迅逝世的文章。㉓當時新馬文化人對魯迅的推崇，特別強調魯
迅的戰鬥精神，民族英雄形象，年青人的導師，抗日救亡的英雄。
從下面常出現的頌詞，可了解當時左派文化人所要塑造的魯迅英
雄形象及其目的：

　　1.一員英勇的戰士，一位優良的導師（劉郎）
　　2.這位爲著祖國爭取自由，爲著世界爭取和平的巨人，…
　　　…他曾衝破四周的黑暗勢力；他爲中國文化開闢了光明
　　　的道路；他領導了現階段的抗日救亡的文化陣線……在
　　　抗敵救亡的文化陣線裡指揮作戰……（曙明）
　　3.魯迅先生是一個偉大的戰士……（陳培青）
　　4.偉大的人群的導師（辛辛）

5. 新時代戰士的奮鬥精神……肩擔著人生正確的任務。—
　　—以魯迅先生爲榜樣（紫鳳）

6. 魯迅先生可以說是眞正的民族文藝家，普羅文藝英雄了。
　　（二克）

7. 魯迅不但是中國新文學之父，而且是一個使我們可敬畏
　　的「嚴父」。（陳祖山）

8. 我們要紀念我們英勇的導師（俠魂）

　　從戰士、巨人、導師、嚴父，甚至「新文學之父」，都是政治化以後盲目的吹捧，其目的不外是製造一個萬人崇拜的神像。

　　1927年，因爲中國大陸國民黨清黨，中國左派文化人走奔南洋，而新馬的國民黨也清黨。這些新馬左翼分子在中國共產黨派來的代表的協助下，成立了以新加坡爲大本營的南洋共產黨。1930年南洋共產黨解散，成立以新馬爲基地的馬來亞共產黨。到了1936年，馬共活躍起來，到處煽動工潮，更滲透或控制主要報紙媒體，文化機構，已開始敢向英國政府挑戰。㉔共產黨在新馬殖民社會裡，爲了塑造一個代表左翼人士的崇拜偶像，他們採用中國的模式，拿出一個文學家來作爲膜拜的對象。這樣這個英雄才能被英國殖民主義政府接受，所以魯迅是一個很理想的偶像，他變成一面旗幟、一個徽章、一個神話，一種宗教儀式，成爲左派或共產黨的宣傳工具。

　　魯迅在1936逝世時，正是馬來亞共產黨開始顯示與擴大其群眾力量的時候，而新馬年青人，多數只有小學或初中教育程度，所以魯迅神話便在少數南來中國文化人的移植下，流傳在新馬華人心中。

四、戰後的魯迅：反帝國主義反殖民主義的戰鬥精神

　　1945年日本軍隊投降，英國軍隊又重新占領新馬，恢復其殖民統治權，在1941至1945年日軍侵略新馬前後曾一度與英軍攜手聯合抗日的馬共，從1946年開始，公開提出打倒英殖民政府，建立一個「馬來亞民主共和國」，不過英軍政府（British Military Administration）初期，採取言論，出版與結社自由的政策，因此造成戰後馬共言論報章蓬勃發展。㉕日軍占領時期完全消失的魯迅，又重新出現，而且為了推展新的政治社會運動，左派言論特別強調與發揮魯迅徹底的反帝國主義、反殖民主義的精神，所以當時左派名報人張楚琨的言論很具代表性：㉖

　　　　學習魯迅並不僅是學習魯迅先生的行文措詞造句，主
　　要的是學習魯迅先生那種潑辣的英勇的戰鬥精神。

　　幾乎所有在戰後推崇魯迅的文章，都重覆表揚魯迅的戰鬥精神，譬如高揚（流冰）也說：「我們現在需要的正是魯迅先生一樣的戰鬥精神。」㉗因為在戰後，馬來亞共產黨除了以魯迅來左右群眾的思想行為，更進一步用他來煽動群眾，以實際行動來與英國殖民主義與資本主義戰鬥。最明顯的轉變，便是在1941年之前及1945年戰後的魯迅紀念活動，不再留停在報章雜誌的文字上，而把魯迅帶上街頭，在1947年10月，新加坡紀念魯迅十一周年逝世的紀念活動，除了出版紀念特刊，更重要的是舉行擁有巨大群眾的紀念會及文藝晚會。主辦單位更不限於文藝及文化團體，連海員聯合會、職工總會、婦女聯合會參予大搞特搞這類原來只是紀念文學家魯迅逝世紀念會，而且他已逝世十幾年了。來自中國的左派作家胡愈之、汪金丁都受邀說話，這也說明魯迅神話是由這些僑居的中國親共文人移植到新馬的。請看這篇報導：㉘

　　一九四七年十月十九日，星洲各界代表在小坡佘街的海員聯合會舉行了隆重而熱烈的魯迅逝世十一周年紀念大會。出席的人有幾百名，大會主席是當時著名作家金丁。在大會上講話的有著名政論家胡愈之、文化工作者張楚琨與吳昆華、職工總會代表謝儀、婦女聯合會代表伍亞雪及戰劇界人士楊嘉、教育界人士薛永黍等。胡愈之的講話強調：「魯迅不僅是中國翻身的導師，而在整個亞洲亦然，他永遠代表被壓迫人民說話，對民族問題（的主張）是一切平等，教人不要做奴隸。」職工總會的代表指出：魯迅也教育了勞苦工人，他呼籲大家以實際的行動紀念魯迅。婦聯代表強調必須面對馬來亞的現實。（根據一九四七年十月二十日《星洲日報》的報導）

　　這一天晚上七時，在大世界遊藝場舉行的「紀念魯迅文藝晚會」，表演的節目有十五個之多，歌、舞、話劇都有。二十一日同樣的時間與地點，又有同樣的晚會。這是馬華文化藝術界搞的第一次紀念魯迅的盛大演出。

　　像這類動員廣大群眾的魯迅紀念會，在1937年就辦過一次，共有34個文化／學校／工人團體參加。⑳這些活動成功的把魯迅崇拜轉變成以新馬為重心的戰鬥精神，要利用魯迅的神話來實現本地的左派，甚至共產黨的政治目標：推翻英殖民地，建立馬來共和國服務。

五、魯迅從反殖民英雄變成殖民霸權文化

　　今天世界上有四分之三的人口曾受過殖民主義統治，其生活、思想、文化都受到改造與壓扁。這種殖民主義的影響，深入文學作品，便產生所謂後殖民文學。英國軍官萊佛士（Stamford

Raffles）在1819年1月25日在新加坡河口登陸後，新馬便淪爲英
國殖民地。馬來亞在1958年獨立，新加坡拖延到1965年才擺脫
殖民統治。新馬就像其他曾受英國統治的國家如印度、巴基斯坦，
從殖民時期一直到今天，雖然帝國統治已遠去，經濟、政治、文
化上的殖民主義，仍然繼續存在，話語被控制著，歷史、文化與
民族思想已被淡化，當他們審思本土文化時，往往還不自覺的被
殖民主義思想套住。「後殖民」一詞被用來涵蓋一切受帝國霸權
文化侵蝕的文化。新馬的文學便是典型的後殖民文學。㉚

　　當我們討論後殖民文學時，注意力都落在以前被異族入侵的
被侵略的殖民地（the invaded colonies），如印度，較少思考同
族、同文化、同語言的移民者殖民地（settler colonies），像美
國、澳大利亞、紐西蘭的白人便是另一種殖民地。美國、澳大利
亞、紐西蘭的白人作家也在英國霸權文化與本土文化衝突中建構
其本土性（indigeneity），創造既有獨立性又有自己特殊性的另
一種文學傳統。㉛在這些殖民地中，英國的經典著作被大力推崇，結
果被當成文學理念、品味、價值的最高標準。這些從英國文學得
出的文學概念被殖民者當作放之四海而皆準的模式與典範，統治
著殖民地的文化產品。這種文化霸權（cultural hegemony）通
過它設立的經典作家及其作品的典範，從殖民時期到今天，繼續
影響著本土文學。魯迅便是這樣的一種霸權文化。㉜

　　新馬的華文文學，作爲一種後殖民文學，它具有入侵殖民地
與移民殖民地的兩種後殖民文學的特性，在新馬，雖然政治、社
會結構都是英國殖民文化的強迫性留下的遺產或孽種，但是在文
學上，同樣是華人，卻由於受到英國文化霸權與中國文化霸權之
不同模式與典範的統治與控制，卻產生二種截然不同的後殖民文
學與文化。一種像侵略殖民地如印度的以英文書寫的後殖民文學，

另一種像澳大利亞，紐西蘭的移民殖民地的以華文書寫的後殖民
文學。㉝

　　魯迅在新馬，由於被過度推崇，最後也被尊為放之四海皆準
的中國文學的最高典範，一直影響著新馬的文學產品，從上述的
論析中，我們認識到左派文化人，通過文學、文化、政治、社會、
群眾運動，魯迅已被塑造成左派文化人、年青人與群眾的導師、
反封建、反殖民、反帝國、資本主義的偉大英雄，而負責發揚魯
迅的偉大性的人，都是來自中國的左派文人，像胡愈之、汪金丁、
吳天、許杰、巴人、杜運燮，及其他著名作家，都大力建構魯迅
的神化形象。但還有更多的文化人，名氣不大，他們更全心更力
去發揮魯迅的影響力。我前面提過的張天白就是最好的例子。他
在三十年代南下新馬，歷任中學教師與報副刊編輯，戰後回返中
國，在第二次世界大戰之前，他除了自己推崇魯迅備至，寫出很
多魯迅風的雜文，更以行動來捍衛與宣傳魯迅精神㉞。他放肆的
過譽魯迅為「偉大的民族英雄」與「魯迅先生是中國文壇文學之
父」。㉟

　　從戰前到戰後，隔一、二十年，新馬都曾出現捍衛與宣傳魯
迅偉大形象的作家或文化人。張天白代表三、四十年代的發言人，
到了五、六十年代，方修（1921）便是最虔誠勇猛的魯迅的推
崇者，他論述新馬華文的著作很多，㊱其論斷問題，多從魯迅的
思想出發，但他在1955至1956年間寫的魯迅式的雜感文集《避
席集》，最能表現他對魯迅精神的推崇與魯迅神話的捍衛，他除
了論述文學問題總要依據魯迅的言論，如闡述雜文的定義，他也
因為別人懷疑或不能接受稱頌魯迅為「青年導師」或「新中國的
聖人」而想盡辦法為魯迅辯護，最後不惜引用毛澤東〈新民主主
義論〉的歌頌魯迅的話作為論證魯迅就是「具有最高的道德品質

的人」㊲。這種宗教性的崇高信仰，正說明爲什麼在跨入二十一世紀前的二百天，魯迅還當選一百強之首。

　　因爲魯迅是「具有最高的道德品質」的「聖人」，所以他能產生一種道德宗教式的精神力量，每個人要按照他的教導辦事，照魯迅的話來分析問題，加強宗教的論證。章翰（韓山元）說：㊳

　　　　……把魯迅當作導師，在寫作時不時引用魯迅的話以加強自己的論據，或以魯迅的話作爲分析問題的指針。

　　　　馬華文藝作者在寫作時引用魯迅的話的現象也相當普遍，這不是爲了趨時，而是表示大家要按魯迅先生的教導辦事。

　　韓山元出生於馬來亞，在魯迅的文化霸權之影響下長大，而且成爲一個作家，我認爲他代表新馬最後一個最虔誠的魯迅信徒，或是最後一代之中最崇拜魯迅的信徒，如果方修代表五、六十年代新馬推崇與發揚魯迅精神的代言人，韓山元則代表七十年代，因爲他的兩本代表作《魯迅與馬華新文藝》與《文藝學習與文藝評論》，㊴最能說明魯迅霸權文化之力量：魯迅是所有新馬各門各類文藝工作者（從文學到視覺及表演藝術），知識份子，工農兵學習的「光輝典範」，更是各種鬥爭（如反殖民、反封建、反資本帝國主義、爭取民主自由）的「銳利思想武器」，因此「向魯迅學習」「不僅是文藝工作者的口號，而且也是整個民衆運動的口號」。㊵韓山元下面這些話是他本人心靈歷程中的肺腑之言：㊶

　　　　魯迅是對馬華文藝影響最大、最深、最廣的中國現代文學家。作爲一位偉大的革命家、思想家，魯迅對於馬華文藝的影響，不僅是文藝創作，而且也遍及文藝路線、文

藝工作者的世界觀的改造等各個方面。不僅是馬華文學工
作者深受魯迅的影響,就是馬華的美術、戲劇、音樂工作
者,長期以來也深受魯迅的影響。不僅是在文學藝術領域,
就是在星馬社會運動的各條戰線,魯迅的影響也是巨大和
深遠的。……魯迅一直是本地文藝工作者、知識份子學習
的光輝典範。我們找不到第二個中國作家,在馬來亞享有
像魯迅那樣崇高的威信。

　　魯迅的著作,充滿了反帝反殖反封建精神,……對於
進行反殖反封建的馬來亞人民是極大的鼓舞和啓發,是馬
來亞人民爭取民主與自由的銳利思想武器。

　韓山元(章翰)的《文藝學習與文藝評論》,共收20篇,從
第一篇《認眞學習語言》開始,中間有《改造自己,改造世界》、
《向魯迅學寫作》,到最後一篇,全是他自己所說「按魯迅先生
的教導辦事」。無論是學語言、爲人做事、思想、或探討如何搞
表演藝術活動,都需向魯迅學習。從韓山元的這個例子,令人心
服口服的說明殖民的霸權文化,即使在殖民主義遠去後,其文化
霸權所發揮的影響力,還是強大無比。韓山元本地出生,其家族
早已落地生根,但中國的優勢文化,還是抵制住本土文化之成長。㊷

六、魯迅的經典傳統:文學品味與價值的試金石

　我在上面說過,在移民殖民地如澳洲、紐西蘭、英國及歐洲
的經典作家及作品,依然成爲文學品味與價值的試金石,繼續有
威力的支配著大部分後殖民世界的文學文化生產。這種文學或文
化霸權所以能維持,主要是殖民文學觀念的建立,只有符合英國
或歐洲中心的評價標準(Eurocentric standards of judgement)
的作家與作品,才能被承認其重要性,要不然就不被接受。㊸魯

迅作為一個經典作家，就被人建立起這樣的一種文學霸權。魯迅本來被人從中國殖植過來，是要學他反殖民、反舊文化，徹底革命，可是最終為了拿出民族主義與中國中心思想來與歐洲文化中心抗衡，卻把魯迅變成另一種殖民文化，尤其在文學思想、形式、題材與風格上。

　　新馬戰後的著名作家兼評論家趙戎（1920-1998），雖然新加坡出生，他的文學觀完全受中國新文學的經典所支配，他也不是最前線的魯迅神話的發揚與捍衛者，但他在中國中心優勢文化影響下，也一樣的處處以魯迅為導師，無時無刻不忘記引用魯迅為典範，引用他的話來加強自己的論據或作為引證。他的《論馬華作家與作品》就很清楚看到魯迅及中國新文學前期的經典如何支配著他。在〈苗秀論〉（1953）中，在論述〈苗秀底藝術和藝術風格〉一節，趙戎馬上說：⑭

　　　　比如魯迅、茅盾、老舍、巴金……等等，他們底藝術
　　風格是各不相同的……

　　在討論〈苗秀底人生觀和創作態度〉，他一開始，就引用魯迅為例：

　　　　魯迅、茅盾們的小說……他們所以偉大，其作品所以
　　不朽，都決定於作者的人生觀……

　　趙戎論析苗秀的中篇小說《小城之戀》時，把小說中的抗日鋤奸的文化青年歸類為會寫「魯迅風」雜文的文化青年，因為他在革命中愛上一女子，因此否定苗秀的描寫，認為這是大缺點：

　　　　而且，一個會寫「魯迅風」雜文的文化青年，當他底
　　工作緊張的時候，總不致把愛當作第一義的吧！作者底的
　　意思是寫戀愛悲劇，但可以不必這般寫的……

　　我在上述已提起方修及其《避席集》，雖是向魯迅學習的心

得之作，這本書使方修成爲五、六十年代魯迅精神的發揚與推崇
的首要發言人，在他大量的論述新華文學的著作中，魯迅是非論
及不可的，在〈中國文學對馬華文學的影響〉（1970）一文中，
魯迅及其他作家是「學習或模仿的對象」：

　　　學習中國個別作家的風格──中國著名的作家，如魯
　　迅、郭沫若、巴金、艾青、臧克家、田間等人，他們的作
　　品風格都成爲馬華作家學習或模仿的對象。㊺

　　在〈馬華文學的主流──現實主義的發展〉（1975）一文
中，方修認爲只有魯迅的作品是舊現實主義中最高一級的徹底的
批判的現實主義，只有魯迅的作品達到這個高度。㊻

　　馬來西亞的資深作家方北方（1919），即使在1980年代論
述馬華文學時，如在《馬華文學及其他》論文集中，處處都以魯
迅的現實主義創作手法、魯迅的人格精神及其作品爲最高的典範
與模式。㊼

七、受困於模仿與學習的後殖民文本

　　當五四新文學爲中心的文學觀成爲殖民文化的主導思潮，只
有被來自中國中心的文學觀所認同的生活經驗或文學技巧形式，
才能被人接受，因此不少新馬寫作人，從戰前到戰後，一直到今
天，受困於模仿與學習某些五四新文學的經典作品。來自中心的
眞確性（authenticity）拒絕本土作家去尋找新題材、新形成，
因此不少人被迫去寫遠離新馬殖民地的生活經驗。譬如當魯迅的
雜文被推崇，成爲一種主導性寫作潮流，寫抒情感傷的散文，被
看成一種墮落，即使在新馬，也要罵林語堂的幽默、汪精衛，下
面這一段有關魯迅雜文的影響力便告訴我們中國中心文學觀的霸
權文化控制了本地文學生產：㊽

　　雜文，這種魯迅所一手創造的文藝匕首，已被我們的
一般作者所普遍掌握；早期的雜文作者如一工、孫藝文、
古月、林仙嶠、景三、黎升等，他們的作品都或多或少地
接受了魯迅雜文的影響；而稍後出現的丘康、陳南、流冰、
田堅、吳達、之丘、山兄、蕭克等人的雜文，更是深入地
繼承了魯迅雜文底精神，而獲得了高度成就的。不但是純
粹的雜文，即一般較有現實內容，較有思想骨力而又生動
活潑的政論散文，也是多少採取了魯迅雜文底批判精神和
評判方式的。在《馬華新文學大系》的《理論批評二集》
和《劇運特輯》中，有許多短小精悍的理論批評文章基本
上都可以說是魯迅式底雜文，因爲魯迅雜文底內容本來就
是無限廣闊，而在形式上又是多樣化的。在《馬華新文學
大系》的《散文集》中，則更有不少雜文的基本內容是和
魯迅雜文一脈相承的，那些被魯迅所批判過，否定過的「
阿Q性」學者、文人、幫閒藝術家等等，往往在一般雜文
作者的筆下得到了廣泛反映。例如：古月的〈關於徐志摩
的死〉一文，是批判新月派文人的；丘康的〈關於批判幽
默作風的說明〉，是駁斥林語堂之流的墮落文藝現的；丘
康的〈說話和做人〉及陳南的〈黨派關係〉，是對汪精衛
輩的開火；田堅的〈用不著太息〉，是揭發「阿Q性」在
新時代中的遺毒的；而丘康的〈論中國傾向作家的領導〉，
則是批判田漢等行幫份子的。諸如此類，都可以和魯迅作
品互相印證。至於專論魯迅，或引用魯迅的話的文章，則
以丘康，陳南，吳達，饒楚瑜、辜斧夫等人的作品爲多。
作者還很驕傲的爲魯迅的霸權指出：㊾
　　總之，在馬華新文學史上，只有真正接受魯迅的教導，

> 眞正追隨魯迅的文藝工作者，才能堅持走堅實的文藝道路，負起新時代所賦予的歷史任務。

上述戰前的新馬作家受困於模仿與學習魯迅的情形。到了戰後，很明顯的，尤其土生的一代新馬作家開始把左派的、霸權文化代表的魯迅文學觀進行調整與修改，使到它能表達和承載新的新馬殖民地的生活經驗。正如下述的雲里風、黃孟文、曾也魯（吐虹）的作品所顯示，企圖在拒絕和抵制下破除權威性（Abrogation），在修改與調整的挪用（appropriation）中，破除神化的魯迅的規範性與正確性。他們重新爲中文與文本定位。(50)

最近古遠清發表〈魯迅精神在五十年代的馬華文壇〉，是他讀了《雲里風文集》中十篇散文的評論。(51)他發現幾乎每一篇，「都能感受到魯迅精神的閃光。」他還說「不能說沒有模仿著魯迅散文詩《野草》的痕跡，但他不願用因襲代替創作，總是用自己的生活實踐去獲取新的感悟。」(52)雲里風的〈狂奔〉情節與人物設置使人聯想起魯迅的〈過客〉、〈文明人與瘋子〉的文明人應借鑒過魯迅〈聰明人和傻子和奴才〉中的聰明人，〈未央草〉靈感來自魯迅的〈影的告別〉，〈夢與現實〉以「我夢見我在」開始，很像魯迅〈死火〉以「我夢見自己」開始，不過根據古遠清的分析，雖然夢境、韌性的戰鬥精神、對黑暗社會的反抗、詩情和哲理相似，他還是可以感到一些作者改造與移置的痕跡：「雲里風注意改造，移植魯迅的作品，這一藝術經驗值得我們重視。」當然，作爲一位中國學者，古遠清很高興看見中國文化的霸權在五十年代還繼續發現著：「可看出魯迅精神在五十年代馬華文壇如何發揚光大。」(53)

其實從1950年到今天，魯迅的作品所建立的經典典範還是具有生命力，新馬的作家，多多少少都曾經向他學習過。吐虹的

〈「美是大」阿Ｑ正傳〉，作於1957年，⑭模仿《阿Ｑ正傳》，
諷刺曾擔任南洋大學校長的林語堂（小說中叫凌雨唐）。孟毅（
黃孟文）的〈再見惠蘭的時候〉作於1968，它跟魯迅的〈故鄉〉
有許多相似的地方。⑮林萬菁在1985年寫的〈阿Ｑ後傳〉，又是
一篇讀了《阿Ｑ正傳》的再創作。⑯

　　在移民殖民地如澳洲、紐西蘭，白人移民作家首要使命便是
要建構本土性。他們與侵略殖民地的印度作家不一樣。後者在英
國殖民統治離去後，主要使命是重新尋找或重建本土上原有的文
化，白人作家則要去創造這種本土性。他們為了創造雙重的傳統：
進口與本土（the imported and the indigenous）的傳統，這些
白人作家需要不斷採取破除權威與挪用（appropriation）的寫
作策略。⑰新馬華文作家他們在許多地方其處境與澳洲的白人作
家相似，他們需要建立雙重的文學傳統。⑱

　　在上述作家之中，孟毅最成功的修正從中國殖植過來的中文
與文本，因為它已承載住中國的文化經驗，必須經過調整與修正，
破除其規範性與正確性，才能表達與承載新馬殖民地新的生活經
驗與思想感情。〈再見惠蘭的時候〉在瓦解中國的經典（或魯迅
經典）與重建新馬經典，成為新馬後殖民文學演變的典範模式。

　　這篇以馬來亞經驗所嘗試創造的一種新文本，根據麗鹿（王
岳山）的論文〈〈再見惠蘭的時候〉與魯迅〈故鄉〉〉，⑲具有主題
共通性（悲傷兒時鄉下玩伴的貧困遭遇）、情節的模式（回到離
別很久的故鄉，小朋友落魄，故鄉落後貧窮）、故事人物相似（
我、母親、鄉土與我、母親、惠蘭對比）及四種表現手法（第一
人稱敘述法、倒敘手法、對比手法與反諷技巧）。孟毅雖然受到
魯迅的〈故鄉〉的啟示與影響，作者把舊中國荒蕪落後的魯迅式
的農村全部瓦解，放棄他的中國情節，重建英國殖民地的馬來亞

一個橡膠園農村及其移民，從題材、語言、到感情都是馬來亞橡膠園，礦場地區的特殊經驗。小說中所呈現的因為英軍與馬共爭奪馬來亞統治權所引發的游擊戰而引發當地居民複雜的生活與思想情況，特別對當年英軍宣布的緊急狀態下集中營（新村）的無奈，都通過新馬殖民地的產品表現出來。那些鋅板屋、移殖區、甲巴拉、邦達布、水客、田雞、香蕉、讀紅毛書本身就承載著新馬人的新文化與感情。這邊緣性產生的後殖民文本，終於把本土性的新華華文文學傳統建構起來。

八、「個個是魯迅」與「死抱了魯迅不放」到學術研究

　　魯迅如何走進新加坡後殖民文學中，及其接受與影響，還有其意義，是一個錯綜複雜的問題。魯迅以其經典作品引起新馬華人的注意後，又以左翼文人的領袖形象被移居新馬的文化人用來宣揚與推展左派文學思潮。除了左派文人，共產黨、抗日救國的愛國華僑都盡了最大的努力去塑造魯迅的神話。有的為了左派思想，有的為了抗拒，有的為了愛中國。魯迅最後竟變成代表中國文化或中國，沒有人可以拒絕魯迅，因為魯迅代表了中國在新馬的勢力。1939年郁達夫在新馬的時候，已完全看見魯迅將變成神，新馬人人膜拜的神。從文學觀點看，他擔心「個個是魯迅」，人人「死抱了魯迅不放」。他說這話主要是「對死抱了魯迅不放，只在抄襲他的作風的一般人說的話。」可是郁達夫這幾句話，引起左派文人的全面圍攻，郁達夫甚至以《晨星》主編特權，停止爭論文章發表。攻擊他的人如耶魯（黃望青，曾任駐日本大使）、張楚琨在當年不只左傾，也是共黨的發言人，反對魯迅就等於反對「戰鬥」，反對抗戰，反對反殖民主義，最後等於反對中國文化。⑩高揚就激昂的說死抱住魯迅、抄襲他的作風都無所謂，「

因為最低限度，學習一個戰士，在目前對於抗戰是有益。」㉛

　　把魯迅冷靜認真的當作文學經典著作來研究，目前方興未艾，也需要洋洋幾萬言才能論述其要，它的開始也很早。鄭子瑜早在1949就寫過〈〈秋夜〉精讀指導〉，1952年的專著《魯迅詩話》及年青時的手搞，最近才出版的《阿Q正傳鄭箋》，㉜後兩部專著已有陳子善及林非等人的專論。㉝鄭子瑜代表新馬以修辭的方法來研究魯迅。目前的林萬菁便是集大成者，他著有《論魯迅修辭：從技巧到規律》，另外也發表許多論文如《試釋魯迅「絕望之為虛妄，正與希望相同」》，《〈阿Q正傳〉三種英譯的》。㉞王潤華則開拓從文學藝術與比較文學的角度與方法去研究魯迅的小說，主要專著有《魯迅小說新論》，及其他專篇論文如〈從周樹人仙台學醫經驗解讀魯迅的小說〉、〈回到仙台醫專，重新解剖一個中國醫生的死亡〉等論文。㉟

　　從目前的局勢看，魯迅已從街頭走向大專學府，作為冷靜學術思考的對象，我自己就指導很多研究魯迅的學術論文，如《魯迅對中國古典小說的評價》、《魯迅小說人物的「狂」與「死」及其社會意義》、《魯迅小說散文中「世紀末」文藝思想與風格研究》、《魯迅舊體詩研究》等。㊱

【附　註】

① 〈百年的〈吶喊〉，〈傳奇〉的世紀〉及其他報導，《亞洲周刊》1999年6月14日－6月20日，頁32-45。
② 參考章海陵〈魯迅為何是世紀冠軍〉及〈沉重時代中的緊迫感〉，見《亞洲周刊》，同上，頁35；頁38-39。
③ 見夏志清《中國現代小說史》（臺北：傳記文學出版社，1979），頁63-64；原著見 C.T.Hsia, *A History of Modern Chinese Fiction* (

New Heaven, conn.: Yale University Press), pp.28-29。

④ 毛澤東《毛澤東選集》第二卷（北京：人民文學出版社，1952），
頁668-669。

⑤ 參考章翰（韓山元）《魯迅與馬華新文學》（新加坡：風華出版社，
1977），頁4-5。

⑥ 見錢理群、溫儒敏、吳福輝《中國現代文學三十年》（修訂本）（
北京：北京大學出版社，1998），頁191-196。

⑦ 陵〈文藝的方向〉，《星洲日報‧野葩》（副刊），1930年3月19
日，又見方修編《馬華新文學大系》第一冊（新加坡：世界書局，
1971-1972），頁69-70。

⑧ 悠悠〈關於文藝的方向〉《星洲日報‧野葩》，1930年5月14日，
又見方修編《馬華新文學大系》，同註⑦，頁71-74。

⑨ 同前註⑤，頁4-5。

⑩ 魯迅也用這名詞，如〈現代新興文學的諸問題‧小引〉，《魯迅全
集》第10卷（北京：人民文學出版社，1981），頁292。

⑪ 同前註⑥，頁194。

⑫ 同前註⑦，頁80-81。

⑬ 苗秀〈導論〉見《新馬華文文學大系》第一集（理論），（新加坡：
教育出版社，1971-1975），頁7。

⑭ 同前註⑥，頁194。關於魯迅與左聯的真正關係，參考夏濟安的論
文： Hsia Tsi-an,"Lu Hsun and the Dissolution of the League of
Leftist Writers", *The Gate of Darkness* (Seattle: University of
Washington Press, 1968), pp.101-145.

⑮ 參林萬菁《中國作家在新加坡及其影響》（1927-1948）（新加坡：
萬里書局，1994，修訂本），頁1-22。

⑯ 關於這些作家在新加坡及其影響，參前註⑮林萬菁的著作。

⑰ 趙戎〈現階段的馬華文學運動〉，見同註⑬，頁89-104；苗秀《馬

華文學史話》（新加坡：青年書局，1963），頁408-109；方修〈中國文學對馬華文學的影響〉，《新馬文學史論集》（香港：三聯書店，1986），頁38-43。

⑱ 章翰（韓山元）的論文〈張天白論魯迅〉認爲張天白（常用馬達、丘康、太陽等筆名）在三十年代，爲文崇揚魯迅最多，見同前註⑤，頁50-56。張天白論魯迅的文章，分別收集在方修主編《張天白作品選》（新加坡：上海書局，1979），有二篇附錄在《魯迅與馬華新文學》，同前註⑤；張天白其他文章可見《新馬新文學大系》，第一及二集。

⑲ 丘康〈七七抗戰後的馬華文壇〉，同前註⑤，頁11；又見《馬華新文學大系》，第一集，頁505。

⑳ 同前註⑦。

㉑ 章翰〈魯迅逝世在馬華文藝界的反應〉，同前註⑤，頁17-35，魯迅病逝寓所，不是醫院，這是誤傳。

㉒ 同上，頁20。

㉓ 同前註⑤，頁11-35；44-49。

㉔ 崔貴強〈國共內戰衝擊下的華人社會〉及〈戰後初期馬共的國家認同，1945-1948〉，見《新馬華人國家認同的轉向1945-1959》（新加坡：南洋學會，1990），頁98-152；206-222。

㉕ 崔貴強〈戰後初期馬共的國家認同，1945-1948〉，同上，頁210-212。

㉖ 張楚琨〈〈讀了郁達夫的幾個問題〉附言〉，見《馬華新文學大系》第二集，頁449-451。

㉗ 高揚（流冰）〈我們對你卻仍覺失望〉，《馬華新文學大系》第二集，頁460-463。

㉘ 〈馬華文化界兩次盛大的魯迅紀念活動〉，同前註⑤，頁47-49。

㉙ 同上，頁44-47。章翰曾借我一個小本子《偉大的文學家·思想家》，沒

作者，只印上表演藝術出版社，1969年10月19日出版，共20頁。這
是提供給各種左派藝術團體、學校、工會中的學習小組學習的手冊，
在城市、鄉村或森林中的馬共游擊隊，都以這方式學習魯迅思想。
我在馬來亞讀中學時，也曾參加學習小組讀這類全是歌頌魯迅偉大
的小冊子。

㉚　Bill Ashcroft, et al, *The Empire Writes Back: Theory and Practice in Post-Colonical Literatures* (London: Routledge, 1989), pp.1-11. 中譯本見劉自荃譯《逆寫帝國：後殖民文學的理論與實踐》（臺北：駱駝出版社，1998），1-7。

㉛　同上，英文本，pp.133-136；中文本，頁144-156。

㉜　同上，英文本，pp.6-7；中文本，頁7-8。

㉝　同上，英文本，pp.133-139；英文本，頁144-157。我曾討論新加坡作家受了兩種不同文化霸權影響下產生的二種不同的後殖民文學文本，見王潤華〈魚尾獅與橡膠樹；新加坡後殖民文學解讀〉，1998年在美國加州大學（UCSB）舉行世華文學的研討會論文，共20頁。

㉞　張天白的論魯迅的文章，目前收錄於《張天白作品選》，《魯迅與馬華新文藝》及《馬華新文學大系》等書中。

㉟　見《馬華新文學大系》第一集，頁505-506。

㊱　歐清池《方修及其作品研究》新加坡國立大學博士論文，1997，頁649，書後有方修著作編輯目。

㊲　參見方修《避席集》（新加坡：文藝出版社，1960）中〈亦談雜文〉、〈魯迅和青年〉、〈魯迅為什麼被稱為聖人？〉，頁37-44；67-71；77-81。

㊳　同前註⑤，頁6及11。

㊴　章翰《文藝學習與文藝評論》（新加坡：萬里文化企業，1973）。

㊵　同前註⑤，頁1-2。

㊶　同上，頁1。

㊷ 我曾從不同角度討論過這問題，有關馬華文學之獨立，見王潤華〈從中國文學傳統到本土文學傳統〉論文收入《從新馬文學到世界華文文學》（新加坡：潮州八邑會館，1994），頁3-33；有關報紙副刊曾是中國作家之殖民地與本土新馬華文作家的獨立鬥爭戰場，見〈從戰後新馬華文報紙副刊看華文文學之發展〉，見《世界中文報紙副刊學綜論》（臺北：文建會，1997），頁494-505。

㊸ 同前註㉚，英文本，pp.6-7；中文本，頁7-8。

㊹ 趙戎《論馬華作家與作品》（新加坡：青年書局，1967），頁3；9及17。

㊺ 方修《新馬文學史論集》（香港：三聯書店，1986），頁41。

㊻ 同上，頁355。

㊼ 方北方《馬華文學及其他》（香港：三聯書店，1987），頁5。

㊽ 高潮〈魯迅與馬華新文學〉《憶農廬雜文》（香港：中流出版社，1973），頁67-69。

㊾ 同上，頁69。

㊿ 同前註㉚，英文本，pp.38-115；中文本，頁41-125。

(51) 古遠清〈魯迅精神在五十年代的馬華文壇〉《新華文學》第46期（1999年6月，新加坡），頁98-102。

(52) 同上註，頁98。

(53) 同前註，頁102。

(54) 收集在作者第一本短篇小說集，吐虹《第一次飛》（新加坡：海燕文化社，1958），頁29-48。

(55) 收入作者第一本短篇小說集《再見惠蘭的時候》（新加坡：新社文藝，1969），頁1-12。

(56) 林萬菁〈阿Q後傳〉，《香港文學》第6期（1985年6月），頁38-39。

(57) 同前註㉚，英文本，pp.38-115；中文本，41-125。

㊺ 周策縱與我曾在1988的第二屆華文文學大同世界國際會議上，發表雙重傳統（Native and Chinese traditions）及多元中心論，參見王潤華編《東南亞華文文學》（新加坡：歌德學院與新加坡作協，1989），頁359-662；王潤華，見王潤華《從新華文到世界華文文學》中第三卷《世界華文文學的大同世界：新方向新傳統考察》，同前註㉒；頁243-276。

㊻ 這篇論文原是我在南洋大學中文系所授「比較文學」班上的學術報告，見《南洋商報》副刊《學林》，1981年1月15日及16日。

㊼ 這些文章收集於《馬華新文學大系》第二集，同前註⑦，頁444-471。

㊽ 同上，頁461。

㊾ 〈〈秋夜〉精讀指導〉收集於《鄭子瑜選集》（新加坡：世界書局，1960），頁65-75；《魯迅詩話》（香港：大公書局，1852）。

㊿ 見宗廷虎編《鄭子瑜的學術研究和學術工作》（上海：復旦大學出版社，1993），頁61-66；67-71。

㉔ 林萬菁《論魯迅修辭：從技巧到規律》（新加坡：萬里書局，1986）；其餘二篇論文都是由新加坡國立大學中文系所出版，前後為1983,26頁；1985，29頁。

㉕ 王潤華《魯迅小說新論》（臺北：東大，1992；上海：學林出版社，1993）；《從周樹人仙台學醫經驗解讀魯迅的小說》，新加坡國立大學單篇論文1996，22頁；〈回到仙台醫專，重新解剖一個中國醫生的死亡〉，《魯迅研究月刊》，1995年第1期，頁56-58。

㉖ 前三本為新加坡國立大學中文系榮譽班論文，1988，1990及1995，後一本碩士論文，1996。

白先勇《臺北人》中後殖民文學結構

一、侵略與移民：兩種殖民地兩種後殖民文學

　　歐洲及其他殖民主義與帝國主義通過多種多樣的手段與形式，在不同的年代與地方發展與擴大。有時明目張膽、有計劃、有陰謀的四處侵略與豪奪的去擴張與佔領。但帝國與殖民主義勢力，尤其文化霸權的影響，有時也會潛移化地。偶然性地產生。後殖民文學（post-colonial literatures）是在帝國主義文化與本土文化互相影響、碰擊、排斥之下產生的結果。所以後殖民文學或後殖民文學理論（post-colonial literary theory）中的「後殖民」的定義，與獨立後（post-independence）或殖民主義之後（after colonialism）不同，它是指殖民主義從開始統治那一刻到獨立之後的今日的殖民主義與帝國霸權。後殖民文學與理論的產生歷史已很長久，只是要等到後現代主義興起，才引起學者的興趣與注意，因為只有後現代主義結構以西方為中心的優勢文化論之後，才注意到它的存在。①

　　今天世界有四分之三的人口曾受過殖民主義統治，其生活、思想、文化都受到改造與壓扁。這種殖民主義的影響，深入的進入文學作品中，便產生所謂後殖民文學。曾受英國及其他歐洲殖民帝國主義統治的國家，如印度、孟加拉、巴基斯坦、斯里蘭卡、馬來西亞、新加坡、非洲及南美洲各國的文學都是後殖民文學。這些國家從殖民統治時代開始，一直到國家獨立以後的今天，雖然帝國統治已遠去，經濟、政治、文化上的殖民主義，仍然繼續

存在，話語被控制著、歷史、文化與民族思想意識已被淡化，當
他們審視自己本土文化時，往往還不自覺的被殖民主義思想套住。
因此「後殖民」一詞便用來涵蓋一切受帝國文化侵蝕的文化。②

　　當我們討論後殖民文學，注意力都落在以前被異族入侵的被
侵略的殖民地（the invaded colonies），上面提到的印度、非洲
等國家，較少思考同種、同文化、同語言的移民者的殖民地（
settler colonies），像美國、加拿大、紐西蘭、與澳大利亞。這
些土地上的土人開始被歐洲的移民征服或消滅，然後佔為己有。
這些歐洲的白人先把自己的語言與文化移置過去，然後建立一個
殖民地，最後再宣佈成為一個獨立國，像美國這一個國家，由於
她目前發展成超強帝國，又從事新殖民主義的勾當，其後殖民文
化與文學的本質往往被忽略了。美國文學不但應該被與後殖民文
學認同，在過去二個世紀以來，美國文學跟以歐洲為霸權中心的
文學之間的關係演變，成為世界各地後殖民文學的典範模式（
paradigmatic for post-colonial literatures）③

　　美國是世界上發展成一種國家文學的第一個後殖民社會。她
的美國文學既用英文書寫，但又表現出與英國文學大有不同的特
點。這種以美國經驗（American experience）所嘗試創造出的
一種新文學，很多地方都被看作以後後殖民文學的楷模，尤其在
英文文學中多種不同國家文學的概念的創設與承認，帶來極大的
影響。由於美國文學的受到承認，日後加拿大、澳洲、印度、尼
日利亞的英文文學，才被人接受，承認它們是另一種以英文創作
的國家文學，而不是英國文學的支流或旁枝。④

二、移民殖民地的後殖民文學：本土性的建構

　　在移民殖民地，如美國、加拿大、澳洲、紐西蘭，雖然殖民

者與作家移民都是白人，而且前者後來又成爲被作家認同的國家與政府，他們首要使命就是要創作出與英國文學或歐洲其他文學傳統截然不同，既有獨立性又有自己特殊性的文學傳統。這種努力，我們稱爲建構本土性（constructing indigeneity）。歐洲白人移民作家，在建設本土性的同時，有要擺脫繼承歐洲遺產的意念。他們與印度或其他作家情況很不一樣。當外國殖民統治者離去後，主要使命是要重新尋找或重建他們的文化，前者則要去創造這種本土性，去發現他們應該如此的那種本土性。在美國、加拿大、澳洲、紐西蘭，人與土地的關係是全新的，從英國移植的英文與土地也是全新的，不過白人及其語言已承載住許多歐洲人的文化經驗。他們爲了創造雙重的傳統：進口與本土（the imported and the indigenous）的傳統，這些白人作家需要不斷採用棄用（abrogation）與挪用（appropriation）的寫作策略。在澳洲的本土文化／文學被比喻成一棵紮根本土的樹木，在來自世界各國的多磷酸鹽（phosphates）肥料中生長茁壯起來。他們關心的是這棵樹，而不是肥料，這棵樹只能適應生長在這片新土上，因爲它不是英國文學的枝樹。⑤

　　華人學者較少注意的第二種移民者殖民地產生的後殖民文學，引導我去思考1949年以後，臺灣因爲國民黨撤退到臺灣作爲反攻大陸基地期間產生的文學，尤其從大陸追隨國民黨（或中華民國政府）的軍隊來臺灣的大陸人的作品。如果從美國、加拿大、澳洲與紐西蘭的後殖民文學的特點來閱讀1949年以來的臺灣文學，我們可以得到一些令人意想不到的見解，而且忍不住把1949年以來臺灣文學中很多作品，看作移民殖民地的後殖民文學。本文就嘗試以白先勇的《臺北人》中〈花橋榮記〉爲主，其他小說爲輔，作爲這種後殖文學的文本，作一次簡單的病症性的

閱讀（Symptomatic readings）。⑥不過我需要指出，這不等於說明我本人或作者白先勇就認同於下面一節臺灣許多學者把1949年以後臺灣淪爲大陸移民殖民地的看法。

三、臺灣解嚴以前：移民殖民地與後殖民文學

在1990年代（或解嚴以來），「發現臺灣」已成爲熱門話題。尋根溯史的工作，引起學者對臺灣的被殖民經驗，重新思考，結果推翻臺灣被殖民的時代鎖定在日據時代的看法。由於國民政府遷臺初期，鎮壓式的政治壓迫，種種策略壟斷媒體，打壓臺灣的本土語言與文化，目前不少臺灣學者也把國民政府遷臺初期與被殖民認同。⑦在探討臺灣後殖民時代，臺灣文學典律的瓦解與重建時，邱貴芬指出：⑧

> 臺灣的被殖民經驗不僅影響臺灣文學作品的創作情形，更在作品消費和評斷上扮演不可忽視的角色。不少學者在提及臺灣的被殖民經驗時，總將這段經驗鎖定於日據時代（馬森）。但是，如果我們瀏覽臺灣過去的歲月，我們發現臺灣自鄭氏父子時代，歷經天津條約的開港時期、日據時代，到國民政府遷臺初期，一直持續扮演被殖民的角色。數百年中臺灣的執政者多以此地爲經濟資源之地，鮮少作久留之計（《天下》，林鍾雄）。此處，「被殖民」經驗已不限於兩國相爭所產生的政治效應。在後現代用法裡，被殖民者乃是被迫居於依賴、邊緣地位的群體，被處於優勢的政治團體統治，並被視爲較統治者略遜一籌的次等人種（Said，1989，頁207）。以此爲定義，臺灣的被殖民經驗不僅限於日據時代，更需上下延伸，長達數百年。

簡要的說，民國政府統治臺灣與日本殖民政府也很相似：

　　日據時代，一九三七年日本總督府下令廢止漢文，強
力壓縮臺灣作家的思想寫作空間即是一例。而國民政府遷
臺初期的種種策略無異複製了臺灣日據時代的被殖民夢魘。
「綏靖工作」大量關閉臺灣報社，以外省作家主掌報刊雜
誌編輯（彭，頁44-46）。媒體壟斷和國語本位政策的推
行不僅主宰臺灣文學往後數十年間的發展，更決定了臺灣
文學典律的運作。在外省編輯主掌文學管道和國語本位的
文學生態裡，臺灣本地作家揉合鄉土俗語、日文、漢文的
文學語言往往被斥為摻有日本殖民遺毒的不正確中文（彭，
頁54-58）。本省作家往往遭受退稿經驗，作品既無管道
問世，自然更難得流傳。如是，臺灣文學的創作與消費均
受深富政治意義的語言政策影響。⑨

　所以臺灣學者已認識到，1949年國民政府遷臺以後的幾十
年的臺灣，可當作一個殖民地。更正確的說，是一個移民殖民地
（the Settler Colony）模式，而不是異族文化入侵的殖民地（
the invaded colony）。因此當我們用移民殖民地的後殖民文學
特質來解讀《臺北人》中的作品，定比用入侵的殖民地的後殖民
文學比照來得貼切。

　　由於外省編輯，尤其出身軍隊的文人主掌文學管道，當時外
省與本土年輕作家的後殖民寫作的文本策略，就是重新給語言定
位（Re-placing language）。語言的最大功能就是作為權力的表
現媒體，當時年輕作家刻意要把大陸新文學運動的國語文學的國
語進行調整改裝，使到它能表達和承載新的文化經驗。白先勇及
其同代人的作品，很明顯的是在拒絕和抵制的破除權威性（
Abrogation）與修改與調整的挪用（appropriation）的衝突中產
生的。在破除大陸正統國語的規範性與正確性，他們的語言吸收

了不少臺灣經驗與臺灣語言。⑩

　　對澳洲、紐西蘭作家，改變及挪用英文（english language），是要建立與英國文學不同的論述。根據霸權文化中心的英國文學典律（canon），只有某些主題與經驗才能寫進文學中，因此限制了殖民地的新經驗。結果許多隨國民政府遷臺的長輩作家，如姜貴的《旋風》、陳紀瀅《荻村傳》、潘壘的《紅河三部曲》、王藍的《藍與黑》、彭歌的《落月》，被逼去寫與臺灣新經驗毫無相關的作品。⑪

　　白先勇及其同代青年作家，爲了抗拒中國國語本位的文學論，抵制中國本位的文學觀，另一方面又要爲後殖民文本重新定位，即創作臺灣文學論述，他們只好努力去控制寫作的程序，因此在1960年創辦了《現代文學》，因爲那些國民黨委任的副刊雜誌的主編，當時還不能認同這種後殖民的文本，他們代表中國五四以來的文化霸權，還緊緊控制住文學形式、題材、價值、品味與文風。今天當我們回顧臺灣文學的發展，《現代文學》創造了世界上還是屬於中國人的世界中具有獨特傳統的，受人承認的第二種中文文學。⑫臺灣文學就等於當年以美國經驗創造的另一種與她的宗祖國英國的文學不同的英文文學。美國成爲第一個英國人移民殖民地發展成功的國家文學，不過今天由於政治上的一個中國問題，我們不能稱它爲中國土地上另一種中文文學。目前只用臺灣文學一詞來說明它的本土性。⑬

四、大陸男人欺凌臺灣女人：後殖民文學的顚覆主題

　　不論在移民殖民地或侵略殖民地，在殖民統治時期，或帝國權力時期，文學作品都是以殖民者的語言來論述，作者都是與殖民權力認同的文學／文化精英份子。所以最早的作品，通常都是

殖民者的代言人。在澳洲固然如此，在1949年民國政府遷臺的
前面二十年，重要的作家更加是這樣，如陳紀瀅、墨人到朱西寧
與司馬中原便是代表了民國政府文藝政策的產品，而那些反共懷
鄉戰鬥文學更是當時統治權力的化身。⑭這種後殖民文學最早期
的作品，不論出現在移民殖民地如澳洲、紐西蘭，還是入侵殖民
地，如印度，通常都不能形成本土文化的基礎，也不能與殖民地
原有的文化融合形成一體。這種作品的一大特點就是特別迷戀權
力中心的典律，作品非常強調祖國家園（Home），輕視本土（
native），重視世界文化中心的大都會（metropolitan），貶低
鄉野（provincial）或殖民地（colonial）的一切。只要我們翻閱
一下上面提到的隨民國政府來臺灣的像陳西瀅那一代作家的作品，
都是書寫對失去故土的鄉愁，或是以大陸爲背景的事物。⑮

　　後殖民論述進入第二階級時，文學作品由本土人民（nati-
ves）或外省人（outcasts）創作，他們已獲得「統治者的通行
證」（under imperial licence），因爲他們都受過統治者的正統
教育，生活在主流文化生活中，而且也使用統治者正統的文化語
言。⑯白先勇就是這樣一個屬於後殖民文學第二代的作家。他十
五歲隨民國政府遷移臺灣，先後就讀全臺灣第一流的學校：臺北
建國中學與臺灣大學。他與同學在1960年創辦的《現代文學》，
曾得到白崇禧將軍及其將領高官朋友的捐助經費。白先勇與其他
創辦人，都是臺北一流的大專院校出身的精英知青。這些都說明
白先勇是運用國民黨特許證（License）的作家，不是地下作家。
《現代文學》的作家，雖然如前所論，立志要修改與調整從中國
大陸帶來國語與文學觀念，要用修正後的文化語言來承載臺灣經
驗，他們作品中的顛覆性語言與主題，還是沒有充分發揮與開發，
因爲殖民地的文學機制，還是由臺灣統治者直接控制的。

　　《臺北人》中以〈花橋榮記〉爲例⑰，其顛覆主題雖然沒有全面性開發，作者所探討的國民黨所代表的大陸人企圖侵犯臺灣土地及其人民，及其所遭到的反擊，給後殖民文學的寫作策略，提供一個典範性的文本。其主題，正符合後殖民文學中常以男女關係來比喻殖民政權及其統治者與殖民地及人民的緊張的政治衝突狀況。

　　〈花橋榮記〉中大陸人都是因爲國民黨軍隊被中共打得慘敗後，慌慌張張撤退到臺灣。有出息的男人，像春夢婆那老板娘的丈夫，是一個營長，蘇北那一仗，把他打得下落不明，她曾夢見他滿身血淋，才肯定他死了。她的姪女秀華的丈夫阿衛，也是一個年青有爲的排長，在大陸上也沒有消息。這些男人的戰死或失蹤代表國民黨或中華民國的精英份子已在國共內戰中喪亡殆盡，政權威力，也差不多全面崩潰⑱。至於撤退到臺灣的男人，不是老弱殘兵，就是窮困老病的公務員或老百姓。〈思舊賦〉裡的恩嫂老僕從臺南來臺北探望李長官，他多病多憂，兒子又精神失常，《梁父吟》中七十多歲的翁樸園追悼病逝的辛亥革命老同志王孟養，《國葬》中在臺南退休的秦義方追悼李浩然將軍的逝世，《臺北人》中實在太多這種人物的書寫。⑲在〈花橋榮記〉中，像李半城，當年在廣西柳州做木材生產，城裡的房子，他佔了一半，到臺北後，窮困潦倒，依靠在臺中的開雜貨店的兒子半年一張支票過日子，最後上吊自殺身亡，欠下包飯的錢還沒有還。秦癲子在大陸廣西榮縣曾擔任縣長，娶過兩個小老婆，到臺灣後，在市政府當公務員，因調戲女職員給開除了，後來又在臺北花橋榮記的飯店裡對顧客毛手毛腳，有一天又在菜市場亂摸一個賣菜婆的奶，被賣菜婆拿起扁擔打破了頭。盧先生原是桂林官紳大戶人家之子弟，到臺北後在長春國校當教師，痴戀著桂林訂過親的羅小

姐，誓死不娶臺灣的女人。後來被詐騙終身的儲蓄，一反常態，
併上洗衣婆阿春，光天化日，也跟這位臺灣婆赤精大條的大喊大
叫在作愛。發現阿春偷人，打了她兩個耳朵，當小學生放學吵鬧，
盧先生又一巴掌把一位小女生打倒跌坐在地上，還失去理性的亂
喊亂罵：「我要打死她」。這些來自大陸的大男人，不管是摸奶、
調戲、併居性交，還是打罵，這些女的都是臺灣婦女。這正符合
後殖民文學中常出現一種政治隱喻：或殖民者是男，被殖民者或
殖民地是女，往往通過性侵犯來暗喻殖民者污辱、剝削、侵佔殖
民地及其人民與文化。

　　這些人物，從破產的商人地主、公務人員到國校老師，他們
正代表了國民黨被中共打敗後，前來統治臺灣的外省人。精英在
內戰中已喪失殆盡，剩下的不是老頭子，老得「手扯雞爪瘋」，
吃飯時手打顫，常常打破飯碗，就是發花痴或患了神經病，他們
不但沒有帶來財富，反而要依賴在臺灣長大的人的經濟援助。李
半城的兒子在臺中開雜貨鋪，每半年匯一張支票來養活他。秦癲
子心裡永遠把自己當作過去的縣太爺，作威作福，亂摸女人。盧
先生追求心靈之美的夢破滅後，就找一個大奶婆發洩性慾，這些
人及其行為，都暗喻著國民黨帶來臺灣的大陸人，許多不但是人
渣敗類，還蹂躪了臺灣的土地及其人民。盧先生身為一個國校老
師，最後神經失常，滿嘴冒著泡沫，在大路上大喊：「我要打死
她！我要打死她！」而這個她就是臺灣，年青的臺灣。

五、臺灣女人的顛覆性：被抹黑的本土文化的生命力

　　在後殖民文學初期，常出現的另一種顛覆性的主題，就是表
現被抹黑的本土文化（denigrated native cultures）的生命力。
在馬華小說中，有一篇浪花的〈生活的鎖鏈〉（1930）敘述在

馬來亞（現稱馬來西亞）內陸黑暗的橡膠園由，淒風苦雨中（比喻殖民時代的殘酷生活環境），一位英國人管工趁一位工人的女兒上門借錢為母親治病時，將她姦污。這位少女是一位混血，白人將她強姦，表示姦污了馬來亞的土地上的多元種族人民。這少女是一位混血女孩，因貧困而上門找白人求救，暗喻西方人對亞洲及其經濟文化的蔑視。這是東南亞被英國殖民主義及資本主義奴役與剝削的政治寓言。被強姦的少女懷孕生下的雜種兒子，長大後領導工人運動，與資本家鬥爭。這又暗喻被抹黑本土文化的生命力。[20]南非作家路易斯・尼科西（Lewis Nkosi）的長篇小說《配種鳥》（Mating Birds，1986），[21]描寫一位黑人在引誘之下，膽敢進入黑人禁區，企圖與白人女子作愛，結果以強暴罪被判死刑。這個故事反過來暗喻本土文化在反抗外來的侵略文化：黑人走進禁區，原是黑人的土地，怎麼是禁區？與白人女子作愛，是黑人權力的成長一種象徵。[22]

如果我們細讀〈花橋榮記〉，你會注意到敘述者是一位大陸女人，白先勇通過她，把大陸人的民族優越感，以中國為文化中心的高傲心態，完全表現出來。首先她痛罵臺灣自然環境之惡劣：

> 講句老實話，不是我衛護我們桂林人，我們桂林那個地方山明水秀，出的人物也到底不同些……一站出來，男男女女，誰個不沾著幾分山水的靈氣？……你們莫錯看了我這個春夢婆，當年在桂林，我還是水東門外有名的美人呢！……我們哪裡，到處青的山，綠的水，人的眼睛也看亮了，皮膚也洗得細白了。幾時見過臺北這種地方？今年颱風，明年地震，……[23]

她更蔑視臺北人的貧窮困苦：

> 來我們店裡吃飯的，多半是些寅吃卯糧的小公務員…

> …市政府的職員嘍、學校裡的教書先生嘍、區公所的辦事
> 嘍……個個的荷包都是乾癟癟的，點來點去，不過是些家
> 常菜，想多榨他們幾滴油水……㉔

她對臺灣本省人，一鼻子瞧不起，來自桂林的自己是大美人，姪女也「淨淨扮扮，端端正正的。」至於本土人，所用的稱呼就夠抹黑。那個賣菜婆，兇悍野蠻。對阿春的形像，就如白人筆下的非洲黑人婦女，那種鄙視的語言，很有傷害力，白先勇如果不改變中國大陸規模的國語，實在無法承載這種殖民者對被殖民者的污辱的文化語言：

> 那個女人，人還沒見，一雙奶子先便擂到你臉上來了，
> 也不過二十零點，一張屁股老早發得圓鼓隆咚。搓起衣裳
> 來，肉彈彈的一身。兩隻冬瓜奶，七上八下，鼓槌一般，
> 見了男人，又歪嘴，又斜眼。我頂記得，那次在菜場裏，
> 一個賣菜的小夥子，不知怎麼犯著了她，她一雙大奶先欺
> 到人家身上，擂得那個小夥子直往後打了幾個踉踉蹌蹌，
> 霹霹叭叭，幾泡口水，吐得人家一頭一臉，破起嗓門便罵：
> 幹你老母雞歪！那副潑辣勁，那一種浪樣兒。㉕

還有：

> 「阿春替盧先生送衣服，一來便鑽進他房裏，我就知
> 道，這個臺灣婆不妥得很。有一天下午，我走過盧先生窗
> 戶底，聽見又是哼又是叫，還當出了甚麼事呢。我墊起腳
> 往窗簾縫裏一瞧，呸——」顧太太趕忙朝地下死勁吐了一
> 泡口水，「光天化日，兩個人在房裡也那麼赤精大條的，
> 那個死婆娘騎在盧先生身上，蓬頭散髮活像頭母獅子！撞
> 見這種東西，老闆娘，您家說說，晦氣不晦氣？」㉖

阿春的野蠻原始的性能力，把一個大陸文化人壓在上面，壓

得服服貼貼，盧先生反過來累得像老牛馬，天天為阿春燒飯洗衣。阿春在盧先生的房裡偷人，偷那個擦皮鞋的馬仔有特別的意義，他們都是臺灣本地人，說明弱小民族本地人最終會聯合起來抵抗外省人。當盧先生回來捉姦，雖打了阿春兩個耳光，他卻先被馬仔踢倒地上，阿春兇狠的差點把他打死：

> 天下也有那樣兇狠的女人？您家見過嗎？三腳兩跳她便騎到了盧先生身上，連撕帶扯，一口過去，把盧先生的耳朵咬掉了大半個。要不是我跑到街上叫救命，盧先生一定死在那個婆娘的手裏！㉑

這是本土人在聯合抵抗反對殖民者的寓言。國民黨政府在臺灣的統治權，如果不是跑去尋求外援，恐怕也難於維持其鎮壓式的政權。所以盧先生跑到街上求救命，要不然也會馬上被阿春打死。

〈花橋榮記〉中的例子，不是孤立的現象。〈那片血一般紅的杜鵑花〉中的王雄，是湖南人，在大陸當過軍人，到了臺灣退伍，到富人家當男僕。他也迷戀著留在大陸的小妹仔，後來竟把主人家的女兒麗兒當著年青時戀人來愛，王雄這個湖南人討厭主人的另一位臺灣女丫頭喜妹。她雖然長得肥壯性感，肉顫顫的，很有風情，王雄對她毫無興趣，一直病態的暗戀著外省人（主人）的小女孩。後來王雄失去麗兒的興趣（因為長大了），王雄有一天向喜妹施暴，把她乳房身體都咬傷，最後跳海自殺身亡。在〈孤戀花〉中，嫖客柯老雄性虐待舞女娟娟，結果被娟娟用熨斗敲破頭顱而死。喜妹與娟娟都是本省人，出身卑下，受盡鄙視，但最後壯健粗大的二個人都反而死在她們手中。

六、強調家園、輕視本土

　　移民殖民地的後殖民文學作家另一種共同的主題是放逐、尋找家園的新定義、身心與新土的衝突。既然地方與遷移（place and displacement）關注是這種文學的特色，初期外省作家，即使像白先勇那樣的第二代作家特別善於探討外省人與本土認同時的內心衝突。白先勇筆下的第一代的大陸人，就如第一代的作家，強調自己的家園（Home），輕視本土，重視祖國文化大都會，貶低鄉野或殖民地的一切。

　　我在前文已指出，〈花橋榮記〉的敘述著，是來自桂林的女人，她非常鄙視臺北，甚至整個臺灣的自然與文化環境，更加藐視本土的原始生命力。〈那片血一般紅的杜鵑花〉中的臺灣下女喜妹是個極肥壯的女人，全身肉顫顫的，很有風情。〈花橋榮記〉的阿春臺灣婆，纔二十多歲，屁股老早發得圓鼓隆咚，肉彈彈的，打架時，兇狠極了。除了拿山桂林山明水秀，人物靈氣清秀，來與臺北落後窮困，人種野蠻兇悍來強調老闆娘的中國桂林家園而輕視臺灣，她自己也用在桂林與臺北經營的花橋榮記小食店作為比較。同樣一間小食店，在桂林可風光多了。桂林行營的軍爺們，大公館的鄉紳高官，都是進出她的小食店的常客，而在臺北，食客都是寅吃卯糧的公務員，個個窮酸得可憐。春夢婆不單輕視本土的一切，因為出身桂林，她也貶低鄉野，不管臺灣還是大陸。她就瞧不起來自廣西桂林以外的地方的人：

　　　　講句老實話，不是我衛護我們桂林人，我們桂林那個地方山明水秀，出的人物也到底不同些。容縣、武寧，那些角落頭跑出來的，一個個齜牙咧嘴。滿口夾七夾八的土話，我看總帶著些苗子種。那裡拚得上我們桂林人？一站出來，男男女女，誰個不沾著幾分山水的靈氣？㉘

　　在她心目中，桂林的一切都是完美的：

包飯的客人裏頭，只有盧先生一個人是我們桂林小同鄉，你一看不必問，就知道了。人家知禮識數，是個很規矩的讀書人，在長春國校已經當了多年的國文先生了。他剛到我們店來搭飯，我記得也不過是三十五、六的光景，一逕斯斯文文的……㉙

〈金大班最後的一夜〉中的金兆麗，出身上海白樂門舞廳，對臺北當時最有名的夜巴黎舞廳，非常瞧不起，她曾大罵經理：「說起來不好聽，白樂門裏拿間廁所只怕比夜巴黎的舞池還寬敞些呢」。㉚

雖然大陸人瞧不起臺北，但在臺北的大陸人也慶幸自己住在臺北，而不是臺南，臺中，因為那不是中華民國的首都，就如回憶起大陸時，南京永遠比其他城市優越崇高。〈花橋榮記〉中，李半城在臺北固然落魄窮困，他的兒子更倒霉，只能在臺中開雜貨鋪。《臺北人》其他小說中，不幸的人都住在臺北以外，〈國葬〉中的秦義方年紀衰老，又得哮喘病，被長官命令退休，到臺南養病，〈思舊賦〉中的恩嫂老僕人退休後，被逼搬去臺南等著老死。〈遊園驚夢〉中的錢夫人潦倒後也住在臺南。敘事者的語氣都很明顯的對那些臺北以外的地方的輕視。

七、與大陸未婚妻成親之破滅：
反攻大陸失敗的政治預言

小說結束時，盧先生沉溺於性慾之中，開始腐敗與墮落。既不養雞也不再拉唱桂戲，更不思戀美麗的在大陸的未婚妻了。當我讀到這裡，馬上發現這篇小說又開發出康拉德（Joseph Conrad，1857-1924）《黑暗的心》（Heart of Darkness，1899）㉛那類殖民地小說常出現的一種主題：白人侵佔原始落後

的熱帶叢林，建立殖民地，可是征服不了蠻強的大自然，反而被它腐蝕與吞噬。白人像《黑暗的心》的克如智（Kutz），一個原來野心勃勃，充滿理想的人，後來毀於對物質（象牙）非分的追求（過於殘酷剝削土人）與沉溺性慾之中。克如智為了對叢林搶奪象牙的霸權、捲入黑人的宗教與色慾的糾紛之中，導致道德敗壞思想行為之出現，最後拒絕回歸文明世界，願意墮落死亡在黑暗大陸（即黑暗之心）深處。㉜

　　盧先生對羅小姐崇高的心靈戀愛，不惜以金條來實現與大陸未婚妻的團聚，暗喻國民黨與民國政府對大陸錦繡山河的懷念（羅小姐家原在桂林經營錦緞絲綢，使人想起錦繡山河）。民國政府撤退到臺灣初期，一心一意反攻大陸，恢復舊山河不惜犧牲多少金錢以增加軍備。後來遭受美國人阻攔（使人想起盧先生受表哥欺騙），理想終於幻滅，便開始沉溺於物質的享受。盧先生死亡的原因是心死：「心臟麻痺」，國民黨或民國政府最後也是因為心死才放棄反攻大陸。加上後來與本省人的政治鬥爭（等於康拉德的白人捲入土人的糾爭與宗教性慾的漩渦），現在國民黨或國民政府甚至不願回返大陸（不願統一），這又使人想起克如智，要與黑人婦女永遠留落在森林深處。白先勇的《花橋榮記》發表於1970年的《現代文學》，他竟寫出了國民黨政治預言。㉝

　　最有趣的地方，《臺北人》不少將軍陸續老病與死亡。〈思舊賦〉的李長官已剩下最後一口氣，〈梁文吟〉的王孟養（辛亥革命的元老）突然逝世了，而最後一篇小說〈國葬〉的李浩然一級陸軍上將的逝世，更是代表國民黨及中華民國的時代或想恢復舊山河夢幻的結束，所以篇名取名〈國葬〉。這些人物都是代表統治整個中國大陸的國民黨政權到了臺灣後的衰亡象徵。

八、走進殖民地與人類心靈的黑暗世界

　　康拉德的《黑暗的心》是一部描寫西方白人，來自世界文明的中心（也是權力中心及殖民主義中心），打著到非洲探險與開發蠻荒落後的旗幟，其實是去侵佔土地，搶奪土人的物產，建立長期的殖民地。敘事者馬羅（Marlow）也是一位白人，他所回憶的有關克如智的走向黑暗大陸的旅程，不只是暴露殖民主義的殘酷侵略戰爭與剝削，也是前往人類心靈探險的旅程。殖民地黑暗恐怖也是藏在人類心靈象徵。㉞花橋榮記老板娘的回憶，不但暗喻代表大陸人的國民黨或國民政府前來臺灣殖民的經驗，也是深入探討人類內在心靈深處的黑暗罪惡的世界。

【附　註】

① 　Bill Ashcroft，tt al. (eds) *The Empire Wries Back: Theory and Practice in Post*-Colonial Literatures (London: Routledge, 1989)，第1-2頁，第117-118頁及第119-141頁，此書中譯本見劉自荃譯《逆寫帝國：後殖民文學的理論與實踐》（臺北：駱駝出版社，1998）：有關後殖民文學其他概念與定義，可參考Bill Ashcroft,et al (eds), *The Post-Colonial Studies Reader* (London: Routledge, 1995)。

② 　同上，第1-2頁。

③ 　同註①，第133-136頁。

④ 　同註①，第16頁及第133-136頁。

⑤ 　同註①，第1133-136頁，及第2及第3章，第38-115頁。

⑥ 　如果不是因為篇幅的關係，根據《臺北人》（臺北：晨鐘出版社，1971），將其他各篇故事詳細解讀，更有說服力。〈花橋榮記〉發表於1970年出版的《現代文學》第四十二期。關於《臺北人》的閱

讀，目前已出版的專著非常多，包括歐陽子《王謝堂前的燕子》（
臺北：爾雅出版社，1976）；袁良駿《白先勇論》（臺北：爾雅，
1991）；王晉民《白先勇傳》（香港：華漢，1992）；劉俊《悲
憫情懷：白先勇評傳》（臺北：1995）；林幸謙《生命情結的反思》
（臺北：麥田，1994），及其他單篇專論。

⑦　邱貴芬〈「發現臺灣」：建構臺灣後殖民論述〉，見張京媛編《後
　　殖民理論與文化認同》（臺北：麥田，1995），第1169-191頁。

⑧　同上，第172頁。

⑨　同上，第173頁。

⑩　有關這方面的理論，見註①，第38-115頁。

⑪　請參考瘂弦等編《四十年來中國文學》（臺北：聯合文學，1997），
　　關於臺灣文學部份，第11-27頁，第67-254頁。

⑫　關於《現代文學》創辦的目的與經過及回顧，參考白先勇等人的文
　　章，《現文因緣》（臺北：現代出版社，1991）。

⑬　馬華文學與新華文學早已被承認為中國以外的華文文學。它們也是
　　屬於後殖民文學，我曾從後殖民文學的特點論述馬華與新華文學：
　　王潤華〈橡膠園內被歷史遺棄的人民記憶：反殖民主義的民族寓言
　　解讀〉，見《馬華文學的新解讀》（吉隆坡：馬來西亞留臺校友總
　　會，1999），pp.107-114；王潤華〈魚尾獅與橡膠樹：新加坡後殖
　　民文學解讀〉，1998年美國加州大學聖塔芭拉校園華的《1998年
　　世界華文文題討論會》（*Workshop on World Lieratures in Chin-
　　ese,* University of Califomia, Santa Barbara, August 29-30，1998，
　　第20頁）。

⑭　參考齊邦媛〈四十年來的臺灣文學〉，見《四十年來中國文學》，
　　見註⑪，第11-27頁。

⑮　同註①，第5頁，及第9頁。

⑯　同註①，第5頁。

⑰　〈花橋榮記〉見《臺北人》（臺北：晨鐘出版社，1971），第133-
149頁。嚴格的說，本文是我本人嘗試採用後殖民文本病症式閱讀
《臺北人》各篇小說的第一部分。

⑱　〈一把青〉中的郭軫，英氣勃勃，也在國共戰爭中出事身亡。這種
人物經常在其他小說中重現。

⑲　如果以《臺北人》中全部十五篇小說中的人物來引證，會更完整說
明這一點。

⑳　我曾論析這篇小說，見〈橡膠園內被歷史遺棄的人民記憶：反殖民
主義的民族寓言解讀〉，見《馬華文學的新解讀》（見註⑬）；第
107-114頁。這篇小說收集於方修編《馬華新文學大系》（新加坡：
星洲世界書店，1970-72），第二冊，第281-299頁。

㉑　這部長篇小說見Lewis Nkosi, *Mating Birds* (New York: St Martin'
s, 1986)。

㉒　關於這種解讀參考註①，第83-84頁。

㉓　《臺北人》同註⑰，第135-136。

㉔　同上，第134頁。

㉕　同上，第144頁。

㉖　同上，第144頁。

㉗　同上，第146頁。

㉘　同上，第137-138頁。

㉙　同上，第136頁。

㉚　《臺北人》，同註⑰，第59頁。

㉛　Joseph conrad, *Heart of Darkness* (New York: Dell Publishing，
1960)。

㉜　關於這種主題的討論，見Albert Guerard "Introduction", *Heart of*

*Darkness,*同註㉚，第1-23頁。

㉝　歐陽子在《王榭堂前的燕子》（臺北：爾雅，1976）中認爲〈國葬〉
　　中的死亡，具有年輕人老死、貴族之家沒落、國家衰亡、燦爛文化
　　終將失色的悲悼意義。

㉞　Albert Guerard "The Journey Within", *Conrad's Heart of Darkn-*
　　ess and the Critics.（California: Wadsworth Publishing，1960），
　　第111-120頁。

魚尾獅與橡膠樹

──新加坡後殖民文學解讀

一、後殖民文學：從英國統治至獨立以後的文本

　　1981年，由東南亞五個國家（印尼、馬來西亞、菲律賓、新加坡、泰國）組成的亞細安（ASEAN）①機構屬下的文化與新聞委員會資助，聯合編纂一套《亞細安文學選集》（Anthology of ASEAN Literatures）。1982年開始，由成員國的代表，各自編輯自己的國家文學作品，並出版。我是新加坡的代表之一，策劃並編輯新加坡的這套選集。由於新加坡的國家文學（National Literature）由四種語文，即：華文、英文、馬來文與淡米爾（Tamil）所構成。我們不但編選了四種語文的作品，而且還將華文、馬來文與淡米爾文的作品翻譯成英文，以便交流。這項工程是史無前例的，而且意義巨大。對新加坡來說，不但是首次有系統的研究我們的國家文學，而且也是比較研究各種語文文學作品的一個基礎。可惜這個出版計劃因種種原因，並沒有全部完成。新加坡部分只出版了詩（一冊）及小說（三冊），作品入選的日期由最早到八十年代爲止。我這篇報告對新加坡文學的一些看法，主要便是根據這套選集中的一些作品來思考。②

　　今天世界上有四分之三的人口曾受過殖民主義統治，其生活思想文化都受其改造壓扁。這種殖民主義的影響深入的進入文學藝術作品裡去。③本論文中所用後殖民（post-colonial）一詞的

定義與「獨立後」（post-independence）或殖民主義之後（after colonialism）的意義不同，要不然就會造成誤解，以為殖民主義的控制權在獨立之後，就完全結束了。其實後殖民主義是指從開始統治那一刻到獨立後的今日的殖民主義的霸權。後殖民主義文學的歷史很長久，只是要等到後現代興起，才引起人民的興趣與注意，因為只有後現代主義解構了以西方為中心的優勢文化論，才注意到它的存在。④

　　我這篇報告所用「後殖民文學」（post-colonial literature）一詞，廣義的指從殖民統治時代開始，一直到國家獨立以後的今天的新加坡文學。因為帝國統治雖然已遠去，文化上的殖民主義，仍然繼續存在，左右著我們的文化與思想意識。新加坡由於經濟、交通、與戰略性的重要，英國在1957年放棄馬來西亞時，還死佔住新加坡不放，一直到1965年才讓她獨立。多數人民因為長期被殖民統治，話語被控制著，歷史、文化與民族意識已被淡化，民族文化記憶已喪失。新加坡的作家，尤其受英文教育的精英知識分子，更認同於殖民主義的文化。當他們審視自己本土的各種文化時，往往不自覺的被殖民主義思想套住。

二、殖民主義歷史話語的新加坡神話

　　在西方，尤其英國殖民主義者撰寫的歷史裡，新加坡的整個開拓發展，沒有一滴血淚，完全是令人嚮往的神話。萊佛士爵士在一八一九年一月二十八日在新加坡河口登陸。根據他的估計，當時島上只有一百五十個漁民。而新加坡在這之前，一直是海盜的窩巢，他們經常利用這小島作為平分贓物的地點。不過後來歷史家對當時居民的人數估計很不一樣，有的人說，當時住在島上森林中以耕種為生的華人至少有三十家。⑤

　　萊佛士在新加坡河口登岸以後，便努力將新加坡發展成爲一個大商港，因此中國移民便大大的每日增加。萊佛士在一八一九年給伯爵夫人的信中說：「我的殖民地迅速的繁榮起來。開埠不到四個月，人口增加到五千餘人，其中主要是中國人，移民每天都在增加」⑥。根據萊佛士的統計，在一八二〇年八月的時候，新加坡的人口增加到一萬到一萬二千人之間，當然中國人占絕大多數。

　　中國跟馬來半島的通商聯繫，很早就開始，不過中國人作永久性移民馬來半島，卻從十四世紀馬六甲的馬來王朝建立以後才開始。英國在一八七四年開始在馬來半島設立殖民行政署，一八九五年英國人大力開拓橡膠園及發展橡膠工業，於是從中國南來的移民突然急劇增加⑦。一八九五年後，新抵達的中國移民每年約在十五萬到二十五萬之間，一直到一九二七年，一年之間的中國移民突破歷年的記錄，竟達三十六萬。一九四一年，華人在新馬兩地的人口是2,379,200，約占全人口（5,511,313）的百分之四十三。⑧

　　如果翻開新馬華人撰寫的新馬開拓與華人移民史⑨，許多原生態的大歷史、西方帝國殖民主義海盜式的搶劫、奴隸販賣的罪行便大量的被敘述著。萊佛士所象徵的英國殖民官員，便不再是希臘的神話英雄尤力西斯。

　　世界歷史是與現代殖民主義同時興起的。當殖民主義把非歐洲的大陸合併，他們發現歷史是統治殖民地的人民一種有用的工具，因爲世界的現實可以簡化地重建起來，歷史的眞假，全由殖民統治者控制和製造。所以後殖民文學作品中的歐洲中心論的歷史敘述，尤其眞假問題，是最有興趣的一環。⑩因此本篇報告以一首關於新加坡的史詩的討論作爲探討新加坡後殖民主義文學之

開始。

三、尤利西斯：沒有移民悲劇的新加坡史詩

　　製造了神話般的殖民海外的歷史，自然殖民軍官萊佛士就成了傳奇中的英雄。新加坡英文詩人唐愛文（Edwin Thumboo）在1979年發表了一首題爲〈魚尾獅旁的尤利西斯〉的詩⑪，被新加坡英文文壇喻爲新加坡的史詩。⑫他通過希臘神話中的英雄尤利亞斯（即奧德賽Odysseus的拉丁名）之飄洋過海的傳說來象徵英國人遠赴海外探險與爭奪殖民地的競爭精神。這位希臘神話英雄，原是愛迪迦（Ithaca）的國王，在特洛埃的戰爭（Trojan War）中成爲希臘人的領袖。他以機智聰明，善於戰略著名。他曾在海外遨遊十年。在這首詩中，很顯然的，作者是以尤利西斯來象徵當年大英帝國的軍官萊佛士，他也是長年征戰，在海外四處爲開拓殖民地而奔波海上：

> 我漂洋過海，
> 穿過火島，
> 跟女妖精西姬搏鬥，
> 拒絕讓她把我變成一群豬，
> 航過充滿迷人歌聲的色試娜與茶利蒂海峽
> 我與嘉莉蘇在島上住了七年，
> 掀起與眾神的戰鬥。
> 而我心底
> 依然想著故鄉伊迪嘉。
> 航行，航行
> 受盡苦難，毫無樂趣
> 所遇到的異鄉人都在歌唱

　　新的神話；而我也在製造自己的神話

　　可是這隻海獅
　　鬃毛凝結著鹽，多鱗，帶著奇怪的魚尾
　　雄赳赳的，堅持的
　　站立在海邊
　　　　像一個謎。

最後在島上建立了一個新的殖民地，通過貿易與工業，這個島成爲繁華的城邦：

　　在我的時代，沒有任何
　　　　預兆顯示
　　這頭半獸、半魚
　　是海陸雄獅

　　各族人民在這裡定居
　　從海洋
　　帶來豐盛的海產
　　建築了許多像伊農式的無頂樓塔
　　　　他們製造，他們工作
　　　　他們買，他們賣

　　這位促使新加坡邁向現代化的開拓者萊佛士，在1819年率領一小隊英軍在新加坡河口登陸，不久即與柔佛（Johore）的蘇丹（sudan）及新加坡土著統治者天猛公（Temenggong）簽約，准他所代表的東印度公司在新加坡設立商站。萊佛士在1823年宣布新加坡爲自由港，並親手策劃發展新加坡的方向，他要使新加坡成爲東方的航運、學習中心。作爲一個眼光遠大的政治家和

野心勃勃的殖民主義者，他開拓新加坡的努力，也曾受到英國殖民大臣百般的阻撓。萊佛士當時知道新加坡開埠的成功，開拓馬來半島，很需要刻苦耐勞的華人，所以他才大量讓中國人移民到新馬來。他甚至把華人移民的人口的增加，看成新馬發展的訊號。上引唐愛文的英文詩中，尤利西斯與魚尾獅的相遇，便使人聯想起萊佛士與華人的相遇，勤勞刻苦的、歷史悠久的中華民族，（包括印度族人）對萊佛士來說，簡直是個謎。這個西方神話人物萊佛士（尤利西斯的化身）與本土神話動物魚尾獅，目前還屹立在新加坡河口，天天在眾多遊客的眼光與議論中向前展望，思考著問題。⑬

　　這一段歷史書寫，完全是以歐洲為中心，把世界歷史擁為己有，控制了歷史的真假，然後控制住殖民地的老百姓。唐愛文的這一段新加坡史詩，是被殖民地歷史文化洗腦的結果，還是對反諷？學者可以作各種不同的詮釋。⑮

四、萊佛士尋找的新加坡人：魚尾獅

　　萊佛士與魚尾獅的相遇，是新馬種植、與商業貿易建設的開始，同時也是創造一個多元種族的社會努力的開端：

> 雖然方式不同
> 他們一起改變自己
> 探索和諧的邊緣
> 尋找一個共同的中心
> 把他們的神也改變了
> 種族的傳統回憶保存在
> 祈禱裡、笑聲中和
> 女人的服飾與迎客的姿態上

他們把燦爛又美麗的
祖父美好的夢
放進新的遠景中
讓它繼續發揚光大
充滿眼前的世界

在擁太過多的物質之後，
心靈開始渴望其他的意象，
在龍鳳、人體鷹、人頭蛇
日神的駿馬外，
這頭海獅，
就是他們要尋找的意象。

　　這首詩的聲音是尤利西斯的獨白，它是代表西方殖民者在說話。⑮作者唐愛文雖是土生的，出自印度與華人的混血，他自小受英文教育，因此他的民族意識被弱化或瓦解了，更何況他本身也是英文教育的精英分子。新加坡自1965年獨立以來的文化政策，基本上與這首詩所說的相吻合，因爲新加坡政府內閣成員以受英文教育精英分子爲主流。爲了探索和諧的社會和尋找一個共同的中心，人民要求改變他們原來信仰的神、改變自己。最後傳統的記憶只保存在祈禱裡、服裝上。這個共同尋找的意象，便是魚尾獅身。這是從英國殖民者到新加坡獨立後政府努力培養的國民。

　　這個被尤利西斯尋找到的魚尾獅意象，到了今天，新加坡旅遊促進局仍然認爲它是最理想與完整的象徵新加坡的意象，所以把這個塑像放置在新加坡河口。⑯因爲這動物非魚非獅，正說明新加坡人具有東西方的文化、道德、精神，而這個社會，也由西

方的法治精神與東方的價值觀所建設的一個獨特的國家社會。

　　在英帝國統治的時候，採用大寫的英文（English）創作的新加坡文學精英無可避免的與殖民統治勢力及其文化認同。新加坡獨立前後，許多土生土長的英文作家，由於西方文化霸權之影響，還是在「帝國准證下」（under imperial license）創作。⑰這種文學還是很難完全顛覆殖民思想意識，因爲西方的文學霸權阻止後殖民作家去寫後殖民時期的新的生活經驗。

　　不過在殖民地或獨立以後強調後殖民文化的混雜多種性（hybridised nature）⑱是一種優點不是弱點，他的產生是由於本土各種文化受到壓制的結果。新加坡就是因爲吸收了東西方與亞洲各種文化的優點，才能產生新加坡經驗與新加坡模式：

　　　　我們是新加坡人，參雜了華人、印度人和其他的數種種族。所以我們必須適應我們國民和他們不同文化的哲學和管理技巧。我們慢慢地在發展出一種共同的工作文化。我們必須把其他系統的優點，消化和溶入到我們的文化中。⑲

新加坡這個社會模式目前已被證明是成功的：

　　　　新加坡的經驗顯示，一個多元種族社會的人民是能夠和平共處並進步發展，只要他們能夠互相容忍彼此不同的宗教或傳統的差異和習俗，比如崇拜、飲食、婚姻及撫養子女等方面的不同習慣。這種經驗或許是值得其他國家研究和參考的材料。

　　　　如果不同種族願意淡化彼此間的差異而強調共同點，多元種族社會雖不是最有效率的，但卻是行得通的。它必須令人覺得是公平的，包括在教育、就業、醫療、住屋和生活基本需求方面機會平等。⑳

五、不能上山又不能下海的魚尾獅：新加坡的文化危機

　　跟英文作家比較，新加坡的華文作家由於英文的防礙，不易受到西方文化霸權的侵蝕，更容易取消西方話語（Re-placing language）和取消西方的文本（Replacing the text）。㉑新加坡華文作家對魚尾獅的解讀便能表現其與英文作家之差異。

　　這種差異說明新加坡的非英文作家（如馬來文、淡米爾文、華文）的種族或國家主義意識（nationalism）遠比英文作家強烈。種族或國家主義意識更敢頑強的對抗帝國統治，因爲這種想像的社群（imagined community）能使得後殖民社會產生自我形象，從而更敢把自己從帝國壓迫中解救出來。㉒

　　新加坡詩人梁鉞在1984年曾寫了一首〈魚尾獅〉，全詩如下：

　　　　說你是獅吧
　　　　你卻無腿，無腿你就不能
　　　　縱橫千山萬嶺之上
　　　　說你是魚吧
　　　　你卻無鰓，無鰓你就不能
　　　　遨游四海三洋之下
　　　　甚至，你也不是一隻蛙
　　　　不能兩棲水陸之間

　　　　前面是海，後面是陸
　　　　你呆立在柵欄裡
　　　　什麼也不是
　　　　什麼都不像

不論天真的人們如何
讚賞你，如何美化你
終究，你是荒謬的組合
魚獅交配的怪胎

我忍不住去探望你
忍不住要對你垂淚
因爲呵，因爲歷史的門檻外
我也是魚尾獅
也有一肚子的苦水要吐
兩眶決堤的淚要流

　　上面提到今天在新加坡河口，有一座獅頭魚尾的塑像，口中一直的在吐水，形象怪異，它被稱爲魚尾獅，根據古書《馬來紀年》的記載，在十二世紀有一位王子在新加坡河口上岸時，看見一隻動物，形狀奇異，問隨從，沒人知曉，後來有人說它像傳說中的獅子，因此便認定爲獅子，遂稱新加坡爲獅城，新加坡河口魚尾獅塑像之處‧今日成爲外國觀光客必到之地，魚尾獅也供奉爲新加坡之象徵。㉔

　　這隻魚尾獅，是「魚獅交配」的怪胎，作爲魚獅亂交而產生的後代的魚尾獅，它永恒地在吐苦水。他永遠在尋找自己的身份：自己既然是獅，卻不能高視闊步走在森林裡，做萬獸之王；有魚之尾，卻不能在水中游泳。今天的新加坡人，幾乎人人都發現自己像一隻魚尾獅，是一隻怪異的不知名的動物。新加坡的文化思想的發展，新加坡個人的成長，都正面臨這種困境，因爲新加坡正處於東西方之間的「三文治」社會裡，自己是黃皮膚的華人，卻沒有中華思想文化的內涵，甚至不懂華文。新加坡華人受英文

教育，卻沒有西方優秀文化的涵養，只學到個人主義自私的缺點。

華族文化面臨的危機，從70年代以來，可以說是最受關注的課題，因爲人人害怕將會變成魚尾獅。

因此魚尾獅的意象，與英文作家相反，成爲華文作家探討新加坡人困境的作品中常出現的一個基型意象，它的確很恰當的代表目前新加坡人所面臨的困境。

華文作家在第二次世界大戰之前，這個情意結特強，影響力很重大，戰後則化爲反殖民地，爭取獨立的愛國（本土）熱潮。新加坡獨立後，這種這個情意節變爲「感時憂國的精神」，繼續在華文文學發生極大的影響力。由於這種社會意識之力量，華文文學比任何其他語文的文學，更關注新加坡的問題，特別是華族文化的危機問題。㉕

六、英國人移植的橡膠樹：紮根赤道，向熱帶風雨認同

我在上面簡略敘述殖民主義歷史話語中，有關新馬開墾的初期，萊佛士從中國引進大量的移民，其中主要原因，是因爲英國人在1874年大力開墾橡膠園及發展橡膠工業，根據歷史記載，1877年，英國人從錫蘭（現稱Sri Lanka斯里蘭卡）移植了二十二株巴西種的樹苗來新加坡，十二棵試種在新加坡的植物園，九棵種在北馬的江沙（Kuala Kangsari）。㉖結果試種成功，因爲本地的土地與氣候與原產地的巴西很相似。被英國人移植到新馬的橡膠，很象徵性的說明它是開墾南洋勤勞華僑之化身。我在《在橡膠王國的西岸》曾說：

> 橡膠樹是早年開拓南洋勤勞的華僑之化身。綠色的橡膠樹從巴西移植過來後，再依靠華人移民的刻苦耐勞，才把南洋時代的蠻荒，毒蛇猛獸，原始森林，通通驅逐到馬

來半島最險峻的主幹山脈上。所以橡膠樹象徵新加坡和馬
來西亞早年的拓荒者，同時也是經濟的生命線。一直到一
九七〇年以前，馬來西亞橡膠園的職工人數，還占全國的
百分之七十左右。

　　公路左右兩旁的橡膠樹，每一棵都整齊的相距八尺的
直立著。像新馬的華人，橡膠樹也是外來的移民。都同樣
熱愛這土地，而且相依為命的生活著，它們的移植到此地，
加速了新馬的原始山林開拓，而且促使經濟迅速的繁榮起
來。

　　橡膠原來是巴西熱帶雨林中的一種植物，最早由印第
安人在亞馬遜河中遊地方發現。當時他們只懂得割破橡膠
樹的表皮，取其乳白色的膠汁，用來製造膠球，英國人開
始收集了橡膠樹的種子在倫敦馳名的邱園種植，然後再移
植來新馬。一八七七年移植的二十二棵，除了九株栽種在
江沙，一棵種植在馬六甲外，其餘的則栽種在新加坡的植
物園。在新加坡的十二株，有九株生長起來。

　　橡膠樹喜歡在常年潮濕多雨的熱帶平原或丘陵生長，
只要把原始的熱帶雨林砍伐。將枯木縱火焚燒。坡度不太
陡峭，排水良好就適宜生長，它和當年的華人和印度人移
民的適應能力一樣強大，而且喜歡這個熱帶環境。㉗

新馬作家許多描寫橡膠園生活的詩歌、散文、小說作品，不
但把華人移民及其他民族在馬來半島的生活經驗呈現得淋漓盡致，
而且還同時把複雜的西方帝國殖民主義海盜式搶劫，奴隸販賣的
罪行敘述出來。因此橡膠園這一意象在馬華文學中，歷久不衰的
成為抒發個人感傷，結構移民遭遇、反殖民主義的載體。㉘把這
些作品與上述尤利西斯的殖民版本的新加坡史詩比較地閱讀，後

者就更明顯受到殖民主義的霸權文化之侵蝕。下面這首依夫寫於
1928年的詩〈憔悴了的橡膠樹〉⑳是關於後殖文學最常表現的錯
位移置（displacement）所產生自我感之危機。而且受到優勢種
族之欺壓，這種強烈本地意識與反殖民主義主題是〈魚尾獅旁的
尤利西斯〉所缺少的：

> 赤道之下是我們的家，
> 我們的家是在赤道下。
>
> 當我們達到可以替人生產的時分，
> 每天早上，都受著刀傷，
> 除了下雨的晨光。
>
> 每次我們都毫無吝嗇的輸出，
> 輸出我們辛苦培養的液汁，
> 供給貪食的人們。
>
> 人們老是欺凌著我們，
> 每月在我們身上割去一寸幾分，
> 割完了一邊又一邊。
>
> 有的每次在我們身上割一刀，
> 有的每次割兩刀，
> 無論是怎樣，
> 我們是毫無停止輸出我們的乳漿。
>
> 我們的創口起了黑點，
> 人們依舊舉刀再割，
> 當他仍認為未曾滿足的時分。

直至我們全身滿布剝削的創痕，
皮上呈著凹凸的不平，
人們才肯罷手。

人們不是從此罷手甘心，
我們一治好了創痕，
便又遭受昔日的苦刑。

苦刑我們也得忍受，
因爲我們要求的是生命的保存。

我們永遠拖著不幸，
到了我們的液汁已枯，
就消失我們底生存。

我們也是有感覺神經，
不是一般的汁水運動，
也不是怎樣和動物不同。

我們永遠在受著欺凌，
我們永遠忍受著凶殘，
爲的是斟滿人們的酒杯。

無限量的輸出我們的液汁，
火熱的陽光又在我們的頭上燃燒，
我們無可避免的憔悴了。

　　以橡膠樹來記載殖民時代個人或千百萬個華人移民勞工的遭意，以表現殖民地資本家剝削的眞象，正適合各個現象。橡膠樹與華人都是處於經濟利益被英國強迫、誘惑來到馬來半島，最早

期種植與經營橡膠都是殖民主義的英國或西方資本家，天天用刀割傷樹皮，榨取膠汁，正是象徵著資本家剝削、與窮人忍受凶殘欺凌、苦刑的形象。橡膠樹液汁乾枯，滿身創傷，然後被砍掉當柴燒，這又是殖民主義者海盜式搶劫後，把當地的勞工當奴隸置於死地。

七、在黑暗的膠園裡，一位割膠 少女被紅毛人誘奸的寓言

作爲一個「民族寓言」⑳，橡膠樹不但把華人移民及其他民族在馬來半島的生活經驗呈現得淋漓盡致，而且還同時把複雜的西方資本主義者與英大帝國通過海外移民，海盜式搶劫、奴隸販賣的罪行敘述出來，也呈現了殖民地官員與商人在馬來半島進行壓迫、勞動和資本輸出所做的殘忍勾當。因此橡膠園這一意象在馬華文學中，歷久不衰的成爲作家結構華人移民遭遇與反殖民主義這的載體。其中小說所呈現的更有深度與完整性，可當作戰前華人移民記憶的實錄，可當作戰前華人民族心理與認知形態的直接反應。這些戰前的作品敘述，包含了大量各種各類被大歷史壓抑或遺棄的記憶載體，當時爲了躲避官方政治的干涉而製造的橡膠樹寓言，現在正可拿來作爲一種政治態度：反殖民主義的本土歷史意識。

在《馬華新文學大系》第三冊小說一集所收的1919年到1942年期間的小說中，就已出現橡膠園的寓言。浪花的〈生活的鎖鏈〉（1930年）的橡膠園在黑夜中，而且下著雨水，膠林正落葉、刺骨的寒風吹在膠園的亞答屋裡。在一個微寒的清晨，膠林裡彌漫了朝霧，黑暗還沒有消逝時，一個化學工程師兼督工的紅毛人趁一位膠工的女兒來借錢爲母親治病時，將她奸污。下

面是通過膠工亞水的眼睛敘述的故事：

　　……從板孔裡探進去，屋子裡又點著一盞洋燈，福來的母親赤條條地坐在那紅毛的膝蓋上，那隻禽獸呢，卻像狗一樣的盡吻她的嘴唇，摸她的乳房……接著是一種劇痛的呻吟聲，紅毛卻沉醉在肉的歡樂裡了。

　　十幾分鐘過去了，天色漸漸地微明起來，我怕給那個狗看見，便拖著腳步悄悄地走開，順著一陣風傳來紅毛的聲音。㉛

　　上述這個故事是福來在新加坡街頭聽見一個賣報紙的人提起割膠生活而勾起的一段回憶。他小時候在膠園深處的亞答屋過夜時，無意識中聽見膠工的談話，才知道他母親原來小時為了借錢醫治外祖母的病，被洋人督工誘奸了，後來又為了錢，被許多華族膠工凌辱。下著雨，陰森森又黑暗的膠園及亞答屋，呈現了當時東南亞勞工的艱苦環境，一個少女走進點著一盞洋燈的屋裡，赤裸裸的坐在洋人腿上任他發洩性慾，不正是當時華人窮困饑餓得自願被賣豬仔，任人宰割的勞工象徵？被誘奸的少女是暹羅妹，更說明殖民地主義者最愛強奸土著的歷史，作者刻意將故事從緬暹交界處一直延伸到馬來亞與新加坡，人物包括華人、印度人、泰國人、馬來人及混血的人，這是東南亞被英國殖民主義及資本家奴役與剝削的東南亞各民族之民族寓言。作者通過第一代的華人移民亞龍與亞李的回憶來追述英國人經營的橡膠園內的窮苦生活，而不是由第二代土生的福來，因為後者已逐漸脫離這個人間地獄，代表逐漸走向獨立的馬來亞，所以作者故意安排他「因夜學下課後，給雨阻著不能回去，所以也在膠園裡工人住的亞答屋過夜」，才聽到上述母親與白人督工發生關係，結果生出他這個混血兒。福來帶著白人血統，也有特別的含義，他是白人留下的

餘孽。後來從緬暹交界流浪到新加坡，吸收了新知識。參加工運，從事顛覆殖民地的白人資本家的壓迫，這是一種報應。亞龍在橡膠樹園因參加罷工而失業，轉而成為街頭的報販，因此他含有傳播革命種子的使命。

馬來亞獨立前的橡膠園有二種，一種是大園主，由白人大資本家經營，他們是英國殖民政府的化身，另一種主要由華人或其他亞洲人小資本家經營。上述〈生活的鎖鏈〉中的母親與亞龍工作的橡膠園都屬於白人的，《馬華新文學大系》小說三集中的〈雪影〉（1932）所描寫的橡膠園屬於華人的小園主李阮。他平時無惡不作，收養姨太太為數眾多，其中割膠少女雪影，也以金錢收買，置於膠園內一亞答屋中，當作玩物，偶爾來度宿一宵。後來因經濟不景氣，橡膠落價，為了逃債，他躲藏在膠園裡，但繼續虐待雪影，結果在一次衝突中，李阮被雪影以手槍打死。然後逃離膠園，與鄉村教師瀛人同居。㉜這篇小說與〈生活的鎖鏈〉是姐妹作，一寫大園主，一寫小園主，都是殖民主義資本主義的化身。亞龍逃離霹靂州的大膠園，因為白人殘殺不肯賣命的工人，雪影逃離膠園是因為她殺了虐待她的園主。這是殖民主義霸權的時代的人民記憶。雪影與華文教師瀛人的交往，福來讀夜校，這又暗示華文教育在喚醒群眾反殖民主義的作用。

八、「我的《華人傳統》就毀在他手上」

當學者研究屬於大英共和聯邦成員的加勒比海的國家的教科書，發現這些國家雖然已獨立了25年，英國殖民主義的模式及其所傳播的價值思想繼續不變。舊的殖民制度雖然已消失，可是它卻不知覺的變化成新殖民主義的一部分結構。因此教育制度，尤其人文教育，在後殖民主義的文學作品中，成為一種重要的主題。

許多作家，在國家獨立以後，還是不斷向自己國家的教育制度挑戰，因爲裡面隱藏著尙未消失的殖民主義的鬼魂。

新加坡三十多年來，不斷提高英文水平，英文成爲所有大中小學校的主要語文。張揮寫了許多小說探討新加坡華文教育與華族文化之危機。他在《十夢錄》㉝那本小說中，如〈荷塘裡的蜻蜓〉、〈老林的字〉、〈老先生，你怎麼哭了〉、〈悔過書〉、〈牆〉等篇，在描寫華文學校之消失、道德教育之失敗、華族文化之被忽視的小說中，揭露在獨立後的國家裡，英國殖民主義雖然失去了領土，卻通過教育繼續占領更重要的文化思想的領土。張揮的短篇〈老林的字〉，寫一個老林，在華文小學擔任高級教師，九年半以來，學校所有通告都是由他寫由他發。他用漂亮的隸書寫的通告，視如生命，自己完整的保存下來，打算退休那天，將它裝訂成《通告十年》，送給校方珍藏。想不到過了九年半，學校通告改用英文，他不但沒資格寫，連看也看不懂。

希尼爾就在新加坡教育部從英國引進大批英文教師到中學去教英文，提高學生之英文水平的時候，他看見一些白人英文教師，其實是死後還魂的英國殖民主義者，所以他假借一個小孩大喊：「我的《華人傳統》就毀在他手上」。「我的《華人傳統》就毀在他手上」是一位小孩說的一句話。說者無意，聽者有心，尤其在九十年代，引起我們受華文教育者的心靈極大的震撼，很有象徵意義。希尼爾在《舅公呀吥》裡，描寫「我」（一個叫符家興的小孩），有一天中午在萊佛士城內被舅公拉去參觀《華族傳統展覽》，他對傳統炒咖啡的工具與方法，「光緒六年」這些玩意一無所知，舅公就買了一本《華人傳統》畫冊給他：「有空拿來慢慢看，你貧乏得可憐」。趕回學校，下午的英文輔導課早已開始，「我」偷偷溜進課室，後來發現今天長文縮短習作他原先已

做完，反而閑著無事，便拿了《華人傳統》畫冊來翻看。後來被
老師金毛獅王發現，不但「《華人傳統》就毀在他手上」還捉去
見奧格斯汀陳主任，「與以往朝見他的同學一樣，例常地簽了名，
罪名是上課時間閱讀不良刊物，還要見家長。」過後「我」心慌
慌的回去告訴舅公，他嗆咳一陣，安慰說：「沒關係的，你只不
過丟失一本書罷了。」並且再補充一句：「他們都丟失了一個傳
統。」

　　這一篇一千多字的小說，充滿濃縮的象徵性的語言。「我」
的名字叫符家興，華人社會以家庭為重點，注重兒女的教養，更
督促他成龍，「我」的舅公帶外曾甥看文物展，喜歡喝用手炒的
咖啡，表示這家人注重保存傳統，帶外曾甥看傳統文物展，買傳
統文物畫冊給他看，表示努力把華族傳統傳達給下一代。而那個
展覽地點設在現代化的購物中心萊佛士城內，又象徵現代化的新
加坡還是努力想把華族文物留傳與發揚。但是事實不得不叫人憂
心。學校裡的英文教師金毛獅王與主任密斯特奧格斯汀陳，名字
與職稱本身不但代表英文教育者，他們沒收且毀掉《華人傳統》
畫冊，再加罪名。「閱讀不良刊物」，這些人正是象徵新加坡華
人中想毀滅華族文化的人，他們對華族文化由於無知，由此充滿
偏見，作者對華族文化並不樂觀，因為當「我」在看傳統展覽時，
其他同學都不感興趣，催他快點回校上英文輔導課。這批同學也
正是暗喻目前年青一代的新加坡華人，怎不叫人悲觀？

九、雙重傳統的文學傳統

　　後殖民文學可根據其特性分成四種不同的後殖民文本。第一
種是國家（national）或區域性的類型，新加坡的後殖民文學就
屬於這一種；其他三種是以種族為本的（如黑人文學），比較型

的（西印度群島文學）以及廣泛比較型的（如英聯邦後殖民文學）。
新加坡經驗所產生的後殖民文學不但包涵了多元文化，而且由四
大語文所組成。㉟這些作品，就如上面所討論的幾個例子，可以
當作國家認同的意象來閱讀。譬如本地女膠工被英國人強姦，生
下的混血兒，後來從事顛覆殖民政府，這個寓言，就如魚尾獅，
說明了新加坡經驗的特殊性：東西方文化交流，又具有亞洲文化
的複雜性。

　　新加坡四大語文的文學都各自有自己的文學傳統，如馬來文
繼承印尼、馬來西亞的文學傳統，淡米爾文學帶著印度文學傳統、
英文擁抱英國文學、華文文學的傳統又來自中國，但它們之間互
相交流，加上新加坡的經驗，各種文學本身除了繼承原來的語文
與種族學傳統，又形成一種「本土文學傳統」（Native Literary
Tradition）這種「雙重傳統」（Double Traditions），使新加
坡後殖民文學更緊緊的與新加坡社會與政治歷史結合在一起。㊱

　　新加坡的文學，尤其新華文學，清楚反映出移民落地生根、
建立家園的奮鬥生涯和艱苦歷程。所以文學作品中常出現自我放
逐的浪子、赤道上土生的殖民地苦難的人民、以及魚獅交配的怪
胎魚尾獅的三種意象。㊲那浪子，不管是自我放逐也好，被迫流
放也好，他們天天被陌生疏離感所造成的失落孤寂折磨著。大約
在第二次世界大戰前後，隨著政治的認同，文學中較重要的基型
文學主題與意象也跟著改變了。這時鐵戈〈我們是誰〉一詩最能
說明新加坡要重新尋找與確定自己的身份的政治意識：

　　　我們是誰？
　　　我們是
　　　赤道底土地上
　　　　生長的孩子！

　　我們是誰？
　　我們是
　　　被鐐銬鎖住的
　　　苦難的人民！㊳
這時新加坡人開始落地生根，擁抱土地，雖然仍在遭到英殖民地
政府的壓迫和剝削。新加坡的國家建立在多元種族，多元文化的
基礎上。但是正如魚尾獅所代表的，會成為一個怪胎嗎？成為一
個不東不西，沒有民族文化歷史根源的怪物嗎？繼續尋找多元種
族文化的國家認同以外的母族文化根源，是目前新加坡人的一大
挑戰。這就為什麼，文化危機感充塞于當代作品中。

【附　註】

① 亞細安組織成員，目前已增加到七國，還包括汶萊與越南。

② Edwin Thumboo, Wong Yoon Wah, et. al (eds), *The Anthology of ASEAN Literatures: The Poetry of Singapore.* Singapore: ASEAN Committee on Culture and Information, 1985); Edwin Thumboo, Wong Yoon Wah, et. al (eds), *The Anthology of ASEAN Literatures: The Fiction of Singapore,* 3 vols. Singapore, 1990.

③ Bill Ashcroft, et al (eds), *The Empire Writes Back: Theory and Practice in Post-Colonial Literatures* (London:Routledge, 1989), pp.1-2.

④ Bill Ashcroft, et. al. (eds), *The Post-Colonial Studies Reader* (London: Routledge, 1995),pp.117-118,及119-141.

⑤ Victor Purcell, *The Chinese in Malaya* (London: Oxford Univeristy Press, 1967), p.69.

⑥ *Ibid.,* p.70-71; *Memoir of the Life and Public Services of Sir Tho-*

mas Stamford Raffles (London: Murray, 1830), p.383.

⑦ Victor Purcell, *The Chinese in Malaya*, pp.10-11。

⑧ Ibid., pp.296-297。

⑨ 譬如許雲樵《馬來亞史》上冊（新加坡：青年書局，1961）；南大歷史系編《星馬的開發與華族移民》（新加坡：南大歷史系，1971）。

⑩ 同④，pp.296-297。

⑪ Edwin Thumboo, *Ulysses by the Merlion* (Singapore: Heinemann Educational Books, 1979），pp.31-32。

⑫ Rajeev Patke, "Singapore and the Two Ulysses" Arts No.6, pp.24-30。

⑬ 魯白野《獅城散記》（新加坡：星洲世界書局，1972），pp.40-51。

⑭ 見⑫。

⑮ Rajeev Patke說有二種不同的聲音，前半為尤利西斯的獨白，後半為新加坡人的宣言。

⑯ 唐愛文的詩也刻印在魚尾獅公園的一角。

⑰ 同③，p.5。

⑱ 同④，pp.183-184；185-212。

⑲ 〈新加坡經驗的參考價值：《亞洲周刊》訪問李資政〉，《聯合早報》，（新加坡，1996年1月2日），p.10。

⑳ 同上。

㉑ 同③，pp.38-77；pp.78-115。

㉒ 同④，pp.151-182。

㉓ 梁鉞《茶如是說》（新加坡：五月詩社，1984），pp.37-38。

㉔ 同⑬，pp.95-97。

㉕ Wong Yoon Wah, "Obsession with China: Chinese Literature in Singapore and Malaya Before World War II", *Crossing Boarders:*

Transmigration in Asia Pacific, (New York: Prentice Hall, 1995), pp.359-377.

㉖　林水檺，駱靜山合編《馬來西亞華人史》（吉隆坡：馬來西亞留臺校友會，1984），pp.247-251。

㉗　王潤華《秋葉行》（臺北：合志文化，1988），pp.153-162。

㉘　王潤華〈橡膠園內被歷史遺棄的人民記憶：反殖民主義的民族寓言解讀〉，《馬華文學國際學術研討會》論文，1997年11月28日至1月12日，吉隆坡，13頁。

㉙　同②，pp.234-237。

㉚　詹明信又指出，第三世界的文化產品似乎有一共同點，這與第一世界的大為不同。第三世界的文本都必然含有寓言的結構，而且應該被當作民族寓言（national allegories）來解讀。這些第三世界文本，即使是小說，看起來是個人的經驗，而帶有相當多的立必多潛力（Libidinal dynamic），還是以民族寓言的形式來呈現政治思想問題。參考"Third World Literature in the Era of Multinational Capitalism," *Social Text,* Vol 15. (1986,Fall), pp.69-74." World Literature in an Age of Multinational Capitalism," *The Current in Criticism,* pp.141-149.

㉛　方修（編）《馬華新文學大系》第三冊，頁281-299。根據馬侖的《新馬文壇人物掃描》（吉隆坡：書輝出版社，1991），頁246，他於1920年代常在新馬副刊寫作，約1930年代初赴中國升學，從此不知去向。

㉜　同上，第四冊，頁3-26。

㉝　張揮《十夢錄》（新加坡：新加坡作家協會，1991）。我有論文探討這本小說集，見《從新華文學到世界華文文學》（新加坡：潮州八邑會館，1994），頁202-212。

㉞　希尼爾〈舅舅呀吥〉，《生命裡難於承受的重》（新加坡：潮州八邑會館，1992），頁138-140。我有論文討論希尼爾這本小說集，見《從新華文學到世界華文文學》，頁229-242。

㉟　同註③，pp.15-37。

㊱　周策縱〈總結〉見《東南亞華文文學》王潤華、白豪士（編）（新加坡：歌德學院、新加坡作協，1989），頁359-362；王潤華〈從中國文學傳統到海外本土文學傳統：論世界華文文學之形成〉，《從新華文學到世界華文文學》，頁256-266。

㊲　王潤華〈從浪子到魚尾獅：新加坡文學中的華人困境意象〉，《從新華文學到世界華文文學》，頁34-51。Edwin Thumboo曾用四種語文為例分析新加坡文學中從移民到變成國家主人的主題，見" Exile to Native in Singapore Poetries", *A Sense of Exile* ed. Bruce Bennett (Perths Western, Australia: The University of Western Australia), pp.43-56.

㊳　*Anthology of ASEAN Literatures: The Poetry of Singapore,* p.270.

橡膠園內被歷史遺棄的人民記憶

──反殖民主義的民族寓言解讀

一、從西方文學批評話語到馬華作品中民族寓言的解讀

　　反抗西方的文化殖民，作爲一個文學研究批評者，那是我努力的方向。但是處於強勢地位的西方文化與文學理論，使得我不得不承認，西方擁有寬闊的學術視野和豐富的學理資源。我們需要西方，但又要抗拒西方，因爲我們需要採用最適當最有力的理論與技術來重新闡釋我們的文學，解讀我們的文學與文化。否則我們將在二十一世紀成爲世界文學與文化的孤兒，無法參入世界文學文化系統裡。①

　　因此第三世界的文化文學研究者的處境實在很尷尬，如果借用西方的話語來研究，便會面臨忽視本土文化特徵的指責，更何況第三世界批評的核心便是本土性、反壓迫，釋放被西方壓抑的潛歷史、話語控制。殖民者離去之後，殖民地從種族主義中解放出來的任務卻遠未完成。多數人因爲長期被殖民統治，歷史、文化與民族意識已被淡化，民族意識已喪失。今天很多後殖民地的居民，包括那些精英知識份子認同於殖民者的文化。當他們審視自己本土的各種文化文學現象時，往往不自覺的套用殖民者審視和評定事物的標準與理論。馬來西亞的英國殖民者離去雖然很久了，被殖民者及其後代本身的文化特徵與民族意識受到壓制的結果，文化原質失眞。目前不少大馬青年精英，加上又受了留學臺

灣的新殖民思想的影響，拿出西方經典（canon）的理論，認為第二次世界大戰前後的馬華寫實作品毫無閱讀之價值。這就證明西方文學霸權通過西方批評話語繼續殖民。西方文化與文學的意識形態已經滲透大馬華文文學的形式與無意識之中，把新馬文化淪為一種派生物。②

今天的亞洲各國，確有文化認同的危機。拒絕西方的話語似乎又沒有一套自身的話語來闡釋我們的文學，如果以極端民族情緒，甚至原教旨論或稱還本論（fundamentalism），只乞靈於自己的亞洲文學傳統，不輕易接受西方文化為普遍的價值與標準，有時又會流入極端族類中心（ethnocentric）的危險，從而排斥一切。

所以余英時在〈論中國當前的文化認同問題〉中指出，冷戰結束後，構成世界的基本單元又回到了民族、國家、文化，而不再是意識形態對抗（自由與極權）：③

世界思潮似乎已脫出了帝國主義與民族主義對抗的舊格局。每一個民族的文化認同已不僅僅是乞靈於自己的傳統，而且是同時向其他文化開放，並擇其善者而從之。這一思潮現在已普遍的展現在西方許多學術領域之內，包括哲學、史學、文化研究、文學批評、人類學等等。西方主流學術界和思想界已明顯地放棄了以西方文化為普遍標準的舊偏見。如果我們今天已很難指出誰是西方帝國主義文化的代言人，那麼文化民族主義事實上也失去了抗爭的對象。

由於承認世界文化是多元的，許多學者便突破了西方文化在現代世界的獨霸格局，因為多元論逐漸取得了人文社會科學界的承認。這一發展一方面帶來一些潛在的危機。即極端的民族情緒和原教旨論（或稱返本論）的泛濫，但也有重要的正面意義。比

如詹明信（又譯作詹姆遜 Fredric Jameson）在〈多國資本主義時代的世界文學〉（World literature in an Age of Multinational Capialism）一文中，打破西方第一世界學者傳統的閱讀習慣，放棄其文學優越態度，來解讀第三世界的作家如魯迅的作品。詹明信指出，現代西方現代長篇小說，重個人而輕大衆，好詩意而反政治，喜愛寫性慾、無意識。討厭大衆世界與經濟問題。因此西方目前的閱讀習慣，討厭閱讀第三世界的現實主義小說。因爲它多數寫群衆、政治、經濟的生活層面。④

　　詹明信又指出，第三世界的文化產品似乎有一共同點，這與第一世界的大爲不同。第三世界的文本都必然含有寓言的結構，而且應當被當作民族寓言（national allegories）來解讀。這些第三世界文本，即使是小說，看起來是個人的經驗，而帶有相當多的立必多潛力（libidinal dynamic），還是以民族寓言的形式來呈現政治思想問題。所以個人獨特的命運故事總是表現第三世界群衆文化與社會嚴峻的形式寓言。就是這種極不同的政治與個人的差別，這種文本使到西方讀者感到陌生，而且拒絕接受，因爲西方讀者不肯改變其閱讀習慣。由於文化霸權在握，西方人一向不肯改變西方文明與價值觀放諸四海的立場，堅持按照自己的形象來再造世界，對文學問題，也是如此。

　　詹明信說，魯迅的小說是寓言化的最佳例子，可是由於西方學者的無知，卻忽略他的作品的重要性，這是西方學者的羞恥。西方古典文學也有寓言小說。但其結構與第三世界的不同，因此西方讀者不願意也不肯接受這種作品，因爲現在西方並不重視這種帶有寓言結構的文學作品，而且認爲它已過時。⑤

二、傷痕累累的橡膠樹上的人民記憶

　　詹明信解讀第三世界文學作品中的民族寓言的結構的方法，給我極大的啓發。他促使我重讀獨立前的馬華文學作品，其中一些寫的較好的作品也含有民族寓言的結構。像少數收集在《馬華新文學大系》、《新馬華文文學大系》中的寫實作品⑥，雖然藝術技巧與心理深度大多不夠理想。其所具有的民族性與本土歷史性，卻活生生的體現出來。我最感興趣的是那些描寫橡膠園生活的詩歌、散文、小說作品。這些作品的作者，戰前多是寂寂無名的作者，他們不是社會上的精英，文化及民族意識還未被殖民主義弱化或瓦解。正因如此，在他們的所寫的凡人瑣事，記錄了老百姓或自己的原生態的小說中，我看到了「人民記憶」的痕跡，而這些目前極少人閱讀的作品，正是大歷史壓抑或遺棄的記憶體，我在〈沉默的橡膠樹〉那篇散文中，我看到橡膠樹長著我自己的移民家族史：

　　　　我的祖父像一棵橡膠樹一樣，他在同一個時候被英國人移植到新馬這土地上，然後被發現非常適合在熱帶丘陵地帶生長。不但往下在土地裡紮了根，還向上結了果，我的父親像第二代的橡膠樹，向熱帶的風雨認同了，因爲他是土生土長，不再是被移植、試種的經濟植物。

　　　　小時候，我也像一棵生長在馬來西亞霹靂州的近打區的第三代橡膠樹。⑦

　　這也是整個華人的移民與開拓馬來半島的記憶。我在〈在橡膠王國的西岸〉曾寫過：

　　　　橡膠樹是早年開拓南洋勤勞的華僑之化身。綠色的橡膠樹從巴西移植過來後，在依靠華人移民的刻苦耐勞，才把南洋時代的蠻荒，毒蛇怪獸，原始森林，通通驅逐到馬來半島最險峻的主幹山脈上，所以橡膠樹象徵新加坡和馬

來西亞早年的拓荒者，同時也是經濟的生命線，一直到1970年以前，馬來西亞橡膠園的職工人數，還占全國的百分之七十左右。

　　公路左右兩旁的橡膠樹，每一棵都整齊的相距八尺的直立著。像新馬的華人，橡膠樹也是外來的移民。都同樣熱愛這土地，而且相依爲命的生活著，它們的移植到此地，加速了新馬的原始山林開拓，而且促使經濟迅速的繁榮起來。

　　橡膠原來是巴西熱帶雨林中的一種植物，最早由印第安人在亞馬遜河中游地方發現。當時他們只懂得割破橡膠樹的表皮，取其乳白色的膠汁，用來製造膠球。英國人開始收集了橡膠樹的種子在倫敦馳名的邱園種植，然後再移植來新馬。1877年移植的二十二棵，除了九株栽種在江沙，一棵種植在馬六甲外，其餘的則栽種在新加坡的植物園。在新加坡的十二株，有九株生長起來。

　　橡膠樹喜歡在常年潮濕多雨的熱帶平原或丘陵生長。只要把原始的熱帶雨林砍伐。將枯木縱火焚燒。坡度不太徒峭，排水良好就適宜生長，它和當年的華人和印度人移民的適應能力一樣強大，而且喜歡這個熱帶環境。⑧

　我筆下的橡膠樹，其樹上已失去很多殖民地時代的慘痛記憶。因爲我是第三代的移民，我的橡膠樹也是，而且我父親受英文教育，父母是橡膠園的小園主，因此英國殖民統治者的意識形態已滲透進我們華族文化和無意識中，我的華族文化已是「派生之物」。當民族意識被弱化或瓦解後，我的橡膠樹便變成快樂的、喜歡這個熱帶環境的植物。雖然身上還帶著創傷。早年華人移民記憶不再生長在第三代的橡膠樹，在上述獨立前的作品中的橡膠樹才是

殖民地社會文化、生活的具體符號和載體。⑨

三、解讀憔悴了的橡膠樹的民族寓言

殖民時代華人的記憶是一棵憔悴了的橡樹，每天在火熱的陽光下，任人宰割，爲的是斟滿白人的酒杯，請看下面依夫在1929年發表在檳城《新報》的《椰風》副刊上的詩：⑩

赤道之下是我們的家，
我們的家是在赤道下。

當我們達到可以替人生產的時分，
每天的早上，都受著刀傷，
除了下雨的晨光。

每次我們都毫無吝嗇的輸出，
輸出我們辛苦培養的液汁，
供給貪食的人們。

人們老是欺凌著我們，
每月在我們身上割去一寸幾分，
割完了一邊又一邊。

有的每次在我們身上割一刀，
有的每次割兩刀，
無論是怎樣，
我們是毫無停止輸出我們的乳漿，

我們的創口起了黑點，
人們依舊舉刀再割，

當他仍認為未曾滿足的時分。

直至我們全身布滿剝削的創痕，
皮上呈著凹凸的不平，
人們才肯罷手。

人們不是從此罷手甘心，
我們一治好了創痕，
便又遭受昔日的苦刑。

苦刑我們也得忍受，
因為我們要求的生命的保存。

我們永遠拖著不幸，
到了我們的液汁已枯，
就消失我們底生存。

我們也是有感覺神經，
不是一般的汁水運動，
也不是怎樣和動物不同。

我們永遠在受著欺凌，
我們永遠忍受著凶殘，
為的是斟滿人們的酒杯。

無限量的輸出我們的液汁，
火熱的陽光又在我們的頭上燃燒。
我們無可避免的憔悴了。

以橡膠樹來記載殖民時代個人或千百萬個華人移民勞工的遭

遇，以表現殖民地資本家剝削的眞相，正適合各個現象。橡膠樹
與華人都是處於經濟利益被英國強迫、誘惑來到馬來半島，最早
期種植與經營橡膠都是殖民主義的英國或西方資本家，天天用刀
割傷樹皮，榨取膠汁，正是象徵著資本家剝削、與窮人忍受凶殘
欺凌、苦刑的形象。橡膠樹液汁乾枯，滿身創傷，然後被砍掉當
柴燒。這又是殖民主義者海盜式搶劫後，把當地的勞工當奴隸置
於死地。

　　作者羅衣夫大約於1927年南來檳城。擔任報紙副刊編輯，
約在1931年離開，此後下落不明。⑪1920年代歐洲經濟不景氣，
造成歐洲在亞洲的殖民統治更殘酷的剝削當地割膠勞工。從作品
的生產背景或詹明信所說的「生產方式」（mode of production），
可說明羅依夫與我的橡膠樹的「民族寓言」有極大的差別。

四、在黑暗的膠園裏，一位割膠
少女被紅毛人誘奸的寓言

　　作爲一個「民族寓言」，橡膠樹不但把華人移民及其他民族
在馬來半島的生活經驗呈現的淋漓盡致而且還同時把複雜的西方
資本主義者與大英帝國通過海外移民，海盜式搶劫、奴隸販賣的
罪行敘述出來，也呈現了殖民地官員與馬來商人在馬來半島進行
壓迫、勞動與資本輸出所做的殘忍勾當。因此橡膠園這一意象在
馬華文學中，歷久不衰的成爲作家結構華人移民遭遇與反殖民主
義者的載體。其中小說所呈現的更有深度與完整性，可當作戰前
華人移民記憶的實錄，可當作戰前華人民族的心理與認識形態的
直接反應。這些戰前的作品敘述，包含了大量各種各類被大歷史
遺棄或壓抑的記憶載體，當時爲了躲避官方政治的干涉，製造的
橡膠樹寓言，現在正可拿來作爲一種政治態度，反殖民主義的本

土歷史意義。在《馬華新文學大系》第三冊小說一集所收的1919年到1925年期間的小說中，就已出現橡膠園的寓言。浪花的〈生活的鎖鏈〉（1930）的橡膠樹在黑夜中，而且下著雨水，膠林正落葉、刺骨的寒風吹在膠園的亞答屋裏。在「一個微寒的清晨，膠林裏瀰漫了朝霧，黑暗還沒有消逝時，一個化學工程師兼監工的紅毛人趁一位膠工的女兒來借錢爲母親治病時，將她姦污」。⑫下面是通過膠工亞水的眼睛敘述的故事：

> ……從板孔裏探進去，屋子裏又點著一盞洋燈，福來的母親赤條條地坐在那紅毛的膝蓋上，那隻禽獸呢，卻像狗一樣的盡吻她的嘴唇，摸她的乳房……接著是一種劇痛的呻吟聲，紅毛卻沉醉在肉的歡樂裏了。

> 十幾分鐘過去了，天色漸漸的微明起來，我怕給那個狗看見，便拖著腳步悄悄的走開，順著一陣風傳來紅毛的聲音。⑬

上述這個故事是福來在新加坡街頭聽見一個賣報紙的人提起割膠生活而勾起的一段回憶。他小時候在膠園深處的亞答屋過夜時，無意識中聽見膠工的談話，才知道母親原來小時候爲了借錢醫治外祖母的病，被洋人監工誘姦了，後來又爲了錢，被許多華族膠工凌辱。下著雨，陰森森又黑暗的膠園及亞答屋呈現了當時東南亞勞工的艱苦環境。一個少女走進點著洋燈的屋裏，赤裸裸的坐在洋人腿上任他發洩性慾，不正是當時華人窮困饑餓得自願被賣豬仔，任人宰割的勞工象徵？被誘姦的少女是暹羅妹，更說明殖民地主義者最愛強姦土著的歷史。作者故意將故事從緬暹交界處一直延伸到馬來半島與新加坡，人物包括華人、印度人、泰國人、馬來人及混血的人，這是東南亞被英國殖民主義及資本家奴役與剝削的東南亞各民族之民族寓言。作者通過第一代所華人

移民亞龍與亞李的回憶來追述英國人經營的橡膠園內的窮苦生活，而不是由第二代土生的福來，因為後者已逐漸脫離這個人間地獄，代表逐漸走向獨立的馬來亞，所以作者故意安排他「因夜學下課後，給雨阻著不能回去，所以也在膠園裏工人住的亞答屋裏過夜」，⑭才聽見上述母親與白人監工發生關係，結果生出他這個混血兒。福來帶著白人血統，也有特別的涵義，他是白人留下的餘孽。後來從緬暹交界流浪到新加坡，吸收了新知識。參與工運，從事顛覆殖民地的白人資本家的壓迫，這是一種報應。亞龍在橡膠園因參加罷工而失業，轉而成為街頭的報販，因此他含有傳播革命種子的使命。

五、殖民主義的機制：白人大園主
與亞洲人小園主的結合

馬來亞獨立前的橡膠園有兩種，一種是大園主，由白人大資本家經營，他們是英國殖民政府的化身；另一種主要由華人或其他亞洲人小資本家經營。上述〈生活的鎖鏈〉中的母親與亞龍工作的橡膠園都屬於白人的，《馬華文學大系》小說二集中的〈雪影〉（1932）所描寫的橡膠園屬於華人的小園主李阮。他平時無惡不作，收養姨太太為數眾多，其中割膠少女雪影，也以金錢收買，置於膠園內一亞答屋中，當作玩物，偶爾來度宿一宵。後來因經濟不景氣，膠價落價，為了逃債，他躲藏在膠園裡，但繼續虐待雪影，結果在一次衝突中，李阮被雪影用手槍打死。然後逃難膠園，與鄉村教師瀛人同居。⑮這篇小說與〈生活的鎖鏈〉是姐妹作，一寫大園主，一寫小園主，都是殖民主義資本主義的化身。亞龍逃離霹靂的大膠園是因為白人殘殺不肯賣命的工人，雪影逃難膠園是因為她殺了虐待她的園主。這是殖民主義霸權的

時代的人民記憶。雪影與華文教師瀛人的交往，福來讀校，這又暗示華文教育在喚醒群眾反殖民主義的作用。

橡膠園內殖民主義者由二種人形成：白人與亞洲人，這樣白人可唆使亞洲人，更殘酷無情的奴役亞洲人。〈生活的鎖鏈〉中的少女不但給白人姦污，華人自己發現後也要分享。到了後期，如〈囚籠〉（1934）及〈橡林深處〉（1935），破落的橡膠園內的亞答屋的意象演變成橡林深處的集中營。移民膠工由性受傷的少女變成一批批幾百人的囚徒似的豬仔。這意味著當白人大資本家與亞洲小資本家結合，形成更可怕的殖民主義者剝削的力量。⑯所以這兩篇小說裡的橡膠園都是白人經營的「大園坵」，幾百人的膠工像囚徒一樣的，忍飢受寒，天未亮就開始摸黑割膠，所收集的膠汁被重重剝削（如減算三、五磅，或扣除佣金），爲了榨取他們的血汗，華人包工頭以騙拐方式從中國農村帶大批廉價勞工到馬來亞，通常又通過包伙食、開雜貨店、開賭場、放賭債、提供娼妓來耗盡他們的金錢，精力與意志。這樣便可以困住工人，永遠在園內作豬仔，無法脫身。血汗被吸盡，意志被麻痺的移民工人，正好用〈憔悴的橡膠樹〉中傷痕累累的橡膠樹來象徵。而橡膠園，在《生活的鎖鏈》下半部以錫蘭管工毒打東南亞籍勞工的刑場出現。而〈囚籠〉、〈橡林深處〉更進一步把橡膠寫成一個集中營，割膠工人都是囚徒。〈囚籠〉的橡膠園就像一個人間地獄：⑰

> 幽綠的月光，罩住了廣闊的森林地帶，格外怖人。潮濕的空氣。幾乎令人窒息，泥濘的路上，堆積著許多落葉，間歇地在那裡喘氣。無數的白鐵罐子，雜亂地臥在毛茸茸的草地上。許多受著磔刑的樹幹，還在一滴滴的流淚。一些完成了它們使命的鋼刀，也在泥土裡安眠。毫無聲息了。

這時候，一些黑影子開始在樹林中擺動，接著就有鬼火似的燈光，閃閃爍爍地，往樹林中亂鑽，一些面黃肌瘦、鬼氣十足的人們，就一群群地出現在一個橡膠園裡，他們並不招呼，也不打話，各拔出他們自己鋒利的尖刀，往那些遍體瘡痍的橡樹身上亂割，就好像對於橡樹有什麼深仇大恨似的。刀尖兒在橡樹身上沙沙的亂刨，橡膠樹的眼淚，就斷斷續續地往下滾。他們並沒有意識到橡樹在呼痛，割完了一株橡樹，又到別一株身上去刻畫，就這鬼也似的工人，刻劃了二三個鐘頭之後，就不免有些腰酸背疼，手腳都麻木起來。但是飢餓的火焰，究竟是他們的一服仙丹，他們摸一摸餓了的肚皮，便又希望太陽永遠沒落下去，他們希望著太陽退隱，便可以多割三五十磅，一天也可以掙個一元八角。

割膠工人過著行屍走肉的墮落的生活，這是殖民這樣結合當地的資本主義的勢力後，所帶來的輝煌戰果：⑱

公司旁邊一座「亞答屋」的門前，陳列著一大串黃的、白的、藍的、滿染污泥的衣服，彷彿是破舊了的萬國旗一般。屋裡交叉著無數的灰黃色的，紫醬色的帳子，帳子排列著許多三尺寬六尺長的木板，板上躺著僵屍似的工人，有些人在歪著身體，躺在木板床上唱：「啊喲喲！我的心！」更有一些工人，蹲在地上，抽著香煙屁股，一邊吐出煙圈，一邊說著不很雅聽的戲謔。有的又陶然自得地橫倒在木板床上盡抽鴉片。有的又在賭番攤、牌九、十二支、一簇簇的圍坐著。香煙的辣味、人身的汗臭，都結成了一片。可是他們絲毫也嗅不出。他們所嗅到的乃是：紅毛園主的酒香，契家婆的肉香，包賭的錢香，他們腦中日夜縈迴的勞

什子，便是怎樣去翻本，怎麼去贏得十元八元？怎樣去買
契家婆的歡心？所以在他們每天割完膠樹以後，就好像蒼
蠅似的，圍在這裡來聚賭了。

五、戴著亞洲人的面具的殖民主義者

在上述馬來亞獨立前的橡膠園的民族寓言中，反抗殖民主義
與資本家的寓言，也形成一部有秩序的完整的歷史回憶。開始敢
反抗的都像〈生活的鎖鏈〉中霹靂種植橡膠園，變成屠殺場。反
抗者的目的也只為了「贖回自己肉身的希望」。[19]〈雪影〉中殺
死小園主李阮的不是雪影，而是世界經濟不景氣，橡膠落價。到
了〈囚籠〉與〈橡林深處〉殖民主義與當地資本主義結合，橡膠
園更是形成人間地獄，雖然這些割膠工都曾想反抗。他們頂多向
包工頭抗議幾聲，因為代表殖民主義與西方資本主義的白人是一
個龐大複雜的大機制，沒有面目可見。白人因此不會成為攻擊的
目標。我讀過不少這類作品，像貂問湄〈金馬梭膠園〉（1958）
裡的端多森是難得一見的人物。[20]因此誘姦泰國妹的白人也沒有
姓名，面目也不清楚，他只是充滿肉慾的一隻禽獸。雖然在大馬
歷史上沒有記載。這個殖民主義者常常以帶著錫蘭人、華人、印
度管工或馬來警察的假面具出來，正如上面幾篇小說中所看到的。

【附　註】

① 王潤華〈從文學分析到文化批評：現代文學批評的危機〉，1995年
10月13-15日在香港科技大學舉行的《中國文學史再思國際學術研
討會》所宣讀論文，頁1。

② 關於第三世界批評、後批評與後殖民在亞洲的討論參考徐賁〈第三
世界批評在當今中國的處境〉，見《二十一世紀》第27期（1995年

2月）頁16-27：趙毅衡〈後學與中國新保守主義〉頁1-15。張京媛
（編輯）《後殖民理論與文化認同》（臺北：麥田出版社，1995）
關於殖民與後殖民文化批評的一般討論，參考Francis Barker,
Peter Hulme and Margaret Iversen (ed). *Colonial Discourse/Pos-tcolonial Theory* (Manchester: Manchester University Press, 1994
）。

③　余英時〈談中國當前的文化認同問題〉，見《二十一世紀》第31期
（1995年10月），頁14。

④　詹明信（Fredric Jameson）這篇論文有兩個版本，標題與內文也有
一些差異，第一次發表的是："Third World Literature in the Era
of Multinational Capitalism," *Social Text.* Vol15 (1986, Fall),pp.65
-88; 以後收入 Clayton Koel and Virgil Lokke (ed), *The Current in
Criticism* (West Lafavette, Indiana: Purdul University Press,
1987), pp.139-158. 題目改為"World Literature in an Age of Mul-tinational Capitalism." 此文論第三世界文學及魯迅小說中的民族寓
言部分，有中譯本：孫盛濤，徐良（譯），〈魯迅：一個中國文化
的民族寓言〉，見《魯迅研究月刊》1993年第4期，頁43-48。這是
根據《社會文本》學報的版本所節譯。有關詹姆遜論第三世界文學
及民族寓言之爭議，可參考 Aijaz Ahmad,*In Theory: Classes,
Nations, Literature* (London: Verso, 1992), pp43-72, pp.95-122. 另
外 Fredric Jameson, *The Political Unconscious: Narrative as a
Socially Symbolic Act* (Ithaca, Comell University Press, 1981) 對
本文之思考也有很大幫助。

⑤　"Third World Literature In the Era of Multinational Capitalism,"
Social Text, Vol 15.(1986, Fall), pp69-74, "World Literature in an
Age of Multinational Capitalism, *"The Current in Criticism,* pp.

141-149.

⑥　方修（編），《馬華新文學大系》（新加坡：星洲世界書局，1970-72）共十冊，趙戎等編，《新馬華文文學大系》（新加坡：教育出版社，1971-1975）共八冊。

⑦　王潤華〈沉默的橡膠樹〉，見《秋葉行》（臺北：合志文化事業，1988）頁163。

⑧　王潤華〈在橡膠王國的西岸〉，見《秋葉行》，頁155-156。

⑨　黃錦樹曾從另一觀點論述我的南洋作品，見〈內／外：錯位的歸返者王潤華和他的（鄉土）山水〉，見《中外文學》第23卷第8期（1995年1月），頁76-99。

⑩　〈憔悴了的橡膠樹〉，見《馬華新文學大系》第六集，頁72-73。根據馬崙的《新馬文壇人物掃描》（吉隆坡：書輝出版社，1991），頁246。

⑪　羅依夫原名羅永年，1927年移民檳城，約1931年離開新加坡，從此下落不明。

⑫　浪花〈生活的鎖鏈〉（節選）見《馬華新文學大系》，第三冊，頁281-299。作者浪花。根據馬崙的《新馬文壇人物掃描》，頁174，他於1920年代常在新馬副刊寫作，約1930年初赴中國升學，從此不知去向。

⑬　同上。頁286-87。

⑭　同上。頁283。

⑮　《馬華新文學大系》第四冊，頁3-26。

⑯　饒楚瑜〈囚籠〉與一村〈膠林深處〉，見《馬華新文學大系》第四集，頁88-98；99-108。

⑰　同上，頁88。

⑱　同上，頁90。

⑲　〈生活的鎖鏈〉，同前註⑫，頁293。

⑳　貂問湄〈金馬梭膠園〉，見《新馬華文文學大系》第五冊，頁164-183。

走出殖民地的新馬後殖民文學

一、侵略與移民：兩種殖民地兩種後殖民文學

後殖民文學（post-colonial literatures）是在帝國主義文化與本土文化互相影響、碰擊、排斥之下產生的結果。所以後殖民文學或後殖民文學理論（post-colonial literary theory）中的「後殖民」的定義，與獨立後（post-independence）或殖民主義之後（after colonialism）不同，它是指殖民主義從開始統治那一刻到獨立之後的今日的殖民主義與帝國霸權。後殖民文學與理論的產生歷史已很長久，只是要等到後現代主義興起，才引起學者的興趣與注意，因為只有後現代主義結構以西方為中心的優勢文化論之後，才注意到它的存在。①

今天世界上有四分之三的人口曾受過殖民主義統治，其生活、思想、文化都受到改造與壓扁。這種殖民主義的影響，深入的進入文學作品中，便產生所謂後殖民文學。曾受英國及其他歐洲殖民帝國主義統治的國家，如印度、孟加拉、巴基斯坦、斯理蘭卡、馬來西亞、新加坡、非洲及南美洲各國的文學都是後殖民文學。這些國家從殖民統治時代開始，一直到國家獨立以後的今天，雖然帝國統治已遠去，經濟、政治、文化上的殖民主義，仍然繼續存在，話語被控制著，歷史、文化與民族思想意識已被淡化，當他們審視自己本土文化時，往往還不自覺的被殖民主義思想套住。因此「後殖民」一詞便用來涵蓋一切受帝國文化侵蝕的文化。②

英國軍官萊佛士（Stamford Raffles）在1819年1月25日在

新加坡河口登陸後，新馬便淪爲英國殖民地。馬來亞在1958年獨立，新加坡拖延到1965年才擺脫殖民統治。新馬就像其他曾受英國統治的國家如印度、巴基斯坦，從殖民時期一直到今天，雖然帝國統治已遠去，經濟、政治、文化上的殖民主義，仍然繼續存在，話語被控制著，歷史、文化與民族思想已被淡化，當他們審思本土文化時，往往還不自覺的被殖民主義思想套住。「後殖民」一詞被用來涵蓋一切受帝國霸權文化侵蝕的文化。新馬的文學便是典型的後殖民文學。③

　　當我們討論後殖民文學時，注意力都落在以前被異族入侵的被侵略的殖民地（the invaded colonies），如印度，較少思考同族、同文化、同語言的移民者殖民地（settler colonies），像美國、澳大利亞、紐西蘭的白人便是另一種殖民地。美國、澳大利亞、紐西蘭的白人作家也在英國霸權文化與本土文化衝突中建構其本土性（indigeneity），創造既有獨立性又有自己特殊性的另一種文學傳統。④在這些殖民地中，英國的經典著作被大力推崇，結果被當成文學理念、品味、價值的最高標準。這些從英國文學得出的文學概念被殖民者當作放之四海而皆準的模式與典範，統治著殖民的文化產品。這種文化霸權（cultural hegemony）它所設立的經典作家及其作品典範，從殖民時期到今天，繼續影響著本土文學。魯迅便是這樣的一種霸權文化。⑤

　　新馬的華文文學，作爲一種後殖民文學，它具有入侵殖民地與移民殖民地的兩種後殖民文學的特性。在新馬，雖然政治、社會結構都是英國殖民文化的強迫性留下的遺產或孽種，但是在文學上，同樣是華人，卻由於受到英國文化霸權與中國文化霸權之不同模式與典範的統治與控制，卻產生二種截然不同的後殖民文學與文化，一種像侵略殖民地如印度的以英文書寫的後殖民文學，

另一種像澳大利亞，紐西蘭的移民殖民地的以華文書寫的後殖民文學。⑥

　　當五四新文學為中心的文學觀成為殖民文化的主導思潮，只有被來自中國中心的文學觀所認同的生活經驗或文學技巧影式，才能被人接受，因此不少新馬寫作人，從戰前到戰後，一直到今天，受困於模仿與學習某些五四新文學的經典作品。來自中心的真確性（authenticity）拒絕本土作家去尋找新題材、新形式，因此不少被迫去寫遠離新馬殖民地的生活經驗。譬如當抗戰前後，田間、艾青的詩被推崇，便成為一種主導性寫作潮流。⑦

　　我在《從戰後新馬華文報紙副刊看華文文學之發展》一文中，⑧曾指出從最早至戰前，來自中國文壇的影響力，完全左右了馬華文學之發展，副刊成了他們統治當地文壇的殖民地。林萬菁的《中國作家在新加坡及其影響，1927-1948》，就研究了洪靈菲、老舍、艾蕪、吳天、許杰、高雲覽、金山、王紀元、郁達夫、楊騷、巴人（王任叔）、沈滋九、陳殘雲、汪金丁、杜運燮等人。他們在中國時已有名氣，移居新馬，不是擔任副刊編輯便是在學校教書，所以影響力極大。現在重讀這些副刊，便明白本地意識、本土作品沒法迅速成長的原因。但是本土意識的文學種子在壓抑下一直成長。譬如在戰前，二〇年代，一群編者開始注意到，新馬長大的或出生的作者，要求關心本地生活與社會，改用本地題材來創作，於是副刊開始提倡把南洋色彩放進作品裡。到了1930年代，由於新馬華人歸宿感日益增加，作家把南洋的觀念縮小成新馬兩地，通稱為馬來亞，因此「南洋文藝」便開始發展成馬華文藝。⑨

二、強調國土家園、輕視本土的後殖民詩歌

　　不論在移民殖民地或侵略殖民地，在殖民統治時期，或帝國權力時期，文學作品都是用殖民者的語言來論述，作者都是與殖民權力認同的文學／文化精英分子。所以最早的作品，通常都是殖民者的代言人。在澳洲固然如此，在新馬戰前幾十年，重要的作家更加是這樣，如1919年以前以文言文寫的作品（如黃遵憲詩），與白話作品便是代表了中國文學傳統的產品，而那些懷鄉與流放文學更是當時中國文化人的化身。這種後殖民文學最早期的作品，不論出現在移民殖民地如澳洲、紐西蘭，還是入侵殖民地，如印度，通常都不能形成本土文化的基礎，也不能與殖民地原有的文化融合形成一體。這種作品的一大特點就是特別迷戀權力中心的典律，作品非常強調國土與家園（Home），輕視本土（native），重視世界文化中心的大都會（metropolitan），貶低鄉野（provincial）或殖民地（colonial）的一切。只是我們翻閱一下上次大戰之前一代作家的作品，都是書寫對失去故土的鄉愁，或是以大陸為背景的事物。⑩方修編的《馬華新文學大系》中的作品可以提供很多例子。⑪

　　在新馬兩地，從1919到1941年期間寫白話詩的作者，都是在中國出生和長大，受完教育後才移居新加坡或馬來亞，其中很多在戰後又回歸中國。他們的詩多以強調說教為目的。像林獨步等人的詩便喜歡謳歌自由、勞動，勉勵青年人追求理想，這是五四白話詩的模式。由於這些詩人當時與本地的認同感還未產生，造成大量的游子思鄉，自憐身世之詩，像靜海的〈懷鄉〉這類為自己流落他鄉，自怨自艾的詩很多。又如冷笑的〈萍影集敘詩〉（1928），作者自述自己在烈日下，在椰林和膠林中四處飄泊。下面靜海〈懷鄉草〉的一段就是這類代表作：

　　　你破落的家園啊！

你苦難的人們呵！

是戰鬥的，

是英勇的，

我懷念你，

我熱愛你，

雖然，雖然我遠離在這裡。

1937年後，由於中國進入全面抵抗日本侵略戰爭，所謂「抗戰詩歌」非常流行，作者盡力去激發本地華人去愛中國，救中國。像劉思的〈去，去當兵〉及他的其他詩，不少是反映當地救亡活動或抗戰中的中國。⑫

1945年以前新馬大多數作家，即使新馬獨立後至今，不少作家還是受困於模仿與學習中國新文學運動所建立的經典典範。從徐志摩到艾青，這些中國經典作家及作品，依然成為文學品味與價值的試金石，繼續有威力的支配著大部分後殖民文學的生產。這種文學或文化霸權所以能維持，主要是文化制度之建立（如出版，教科書，教學方法），只有符合中國五四以來文學評價標準的作家與作品，才能被承認其重要性，要不然就不被接受。我曾以魯迅作為一個經典作家為例，在新馬被華人建立起一種文學霸權，結果新馬華文作家的文學觀與創作，嚴重受到魯迅經典所支配，最後導致抵制本土文學成長的反效果。⑬

三、移民殖民地的後殖民文學：本土性的建構

在移民殖民地，如美國、加拿大、澳洲、紐西蘭，雖然殖民者與作家移民都是白人，而且前者後來又成為被作家認同的國家與政府，他們首要使命就是要創作出與英國文學或歐洲其他文學傳統截然不同，既有獨立性又有自己特殊性的文學傳統。這種努

力，我們稱爲建構本土性（constructing indigeneity）。歐洲白人移民作家，在建設本土性的同時，有要擺脫繼承歐洲遺產的意念。他們與印度或其他作家情況很不一樣。當外國殖民統治者離去後，主要使命是要重新尋找或重建他們的文化，前者則要去創造這種本土性，去發現他們應該如此的那種本土性。在美國、加拿大、澳洲、紐西蘭，人與土地的關係是全新的，從英國移殖的英文與土地也是全新的，不過白人及其語言已承載住許多歐洲人的文化經驗。他們爲了創造雙重的傳統：進口與本土（the imported and the indigenous）的傳統，這些白人作家需要不斷採用棄用（abrogation）與挪用（appropriation）的寫作策略。在澳洲的本土文化／文學被比喻成一棵紮根本土的樹木，在來自世界各國的多磷酸鹽（phosphates）肥料中生長茁壯起來。他們關心的是這棵樹，而不是肥料，這棵樹只能適應生長在這片新土上，因爲它不是英國文學的枝樹。⑭

　　學者較少注意的第二種移民者殖民地產生的後殖民文學，引導我去思考新馬華文文學。如果從美國、加拿大、澳洲與紐西蘭的後殖民文學的特點來閱讀新馬華文文學外的見解，這種文學也可看作移民者殖民地的後殖民文學。

　　在《新馬華文文學大系》（1946-1965）及以後，新馬兩國的華文詩選集⑮可以看出新馬詩人努力修正從中國移植過來的中文與文本，因爲它已承載住中國的文化經驗，必須經過調整與修正，破除其現範性與正確性，才能表達與承載新馬殖民地新的後經驗與思鄉感情。余光中讀了我的〈殖民地的童年回憶〉裡詩中的〈集中營的檢查站〉，他很敏銳的便覺察到新馬後殖民文本中的用語之英殖民化及馬華情結，全詩如下：⑯

　　檢查站的英國與馬來士兵

翻閱我的課本與作業
尋找不到米糧與藥物
便拷問我：
「華文書本爲什麼特別重？」
「毛筆字爲什麼這麼黑？」
下午回家時
他們還要搜查我腦中的記憶
恐嚇我的影子
阻止他跟隨我回家
黃昏以後
當羅厘車
經過山林曲折的公路回來
士兵忙亂的細心搜查
滿滿一車的黑暗
用軍刀刺死每一個影子
因爲他們沒有身份證

所以余光中指出其顛覆性的語言與主題：

> 本詩原來的總題是〈殖民地的童年回憶〉，足見當爲
> 後殖民作品中的馬華情結。在殖民時代，統治者與雇傭兵
> 壓制華人文化，更不容繼承歷史的傳統，乃有搜查記憶、
> 刺殺影子的意象，讀來令人心酸。「羅厘車」是指大卡車
> lorry，乃音譯，卻是英國用語，非臺灣讀者習慣的美語，
> 應該加注。⑰

　　我在〈到處聽見伐木的聲音：吳岸詩中的樹木〉一文中，論
述馬華詩人吳岸通過大馬沙勞越（Sarawak）的地方經驗，來表
達他者（otherness）或邊緣人的思想意識。⑱表達吳岸運用一

棵達邦樹（Tapang），來改造五四新詩的語言與意象，讓它能
承擔新的本土經驗，讓它具有顛覆性的文化意義。達邦樹是婆羅
洲土生的樹身高大，木質堅硬的樹木，是當地土族伊班族民間傳
說中的英雄巨人。這個金色的巨人⑲，便是殖民時期的本土文化，華
人向本土認同的象徵。可是達邦樹卻一棵棵被殖民者砍伐：

　　那裡有我的族人
　　他們衣衫襤褸
　　在森林裡到處流浪
　　到處聽見伐木的聲響
　　在迢迢的河上
　　一排排木桐漂流而下
　　你已失去了蹤影（〈摩鹿山〉）⑳

　　自從西方殖民主義者進入婆羅洲以來，一直到今天，凡是到
過砂勞越的人，最難忘的被剝削與破壞的現象，便是每一條大河
上，日夜都可見一排排木桐漂流而下。渾濁的急流如血水，正書
寫出婆羅洲的心靈與身體受傷而流血。吳岸書寫樹林的詩，改造
了五四以來中文詩歌以樹木作風景的語言文化結構，使它能負擔
起呈現過去與現在的被殖民的經驗。

　　以樹木來表現新馬人民的被殖民痛苦經驗，最早也是最常用
的樹木是橡膠樹，依夫寫於1928年的詩〈憔悴了的橡膠樹〉，
文字技巧雖笨拙，卻是其中極早的一首。㉑以後成為歷久不衰的
結構移民遭遇，反殖民主義的載體。以橡膠樹來記載殖民時代個
人或千百萬個華人移民勞工的遭遇，以表現殖民地資本家剝削的
真相，正適合各個現象。橡膠樹與華人都是處於經濟利益被英國
強迫、誘惑來到馬來半島，最早期種植與經營橡膠都是殖民主義
的英國或西方資本家，天天用刀割傷樹皮，榨取膠汁，正是象徵

著資本家剝削、與窮人忍受凶殘欺凌、苦刑的形象。橡膠樹液汁
乾枯，滿身創傷，然後被砍掉當柴燒，這又是殖民主義者海盜式
搶劫後，把當地的勞工當奴隸置於死地。㉒

四、多元文化的詩歌

　　新加坡殖民經驗所產生的後殖民文學，不管是英文或華文作
家的作品，它必然包涵多元文化的元素，因爲長期被殖民主義統
治，歷史、文化與民族意義已被淡化，民族文化記憶已喪失，當
他們審視自己本土的各種文化文學現象時，往往不自覺地套用殖
民者審視和評定事物的標準與理論。即使獨立後，被殖民者及其
後代本身的文化特徵與民族意識受到壓制的結果，文化原質失眞。
即使具有強烈的反殖民地的作品也是如此。譬如浪花的小說《生
活的鎖鏈》（1930）描寫一個膠園女工向管工紅毛人借錢爲母
親治病時，被紅毛人強姦。後來生下一個混血兒。他長大後，帶
著英人追求自由平等的法治精神與華人刻苦勤勞的傳統，大膽的
參加社會改革。這個寓言，說明了新加坡以東西文化的優良傳統，
建立了今天的現代社會。㉓這種雜種文化固然是由於殖民主義者
壓迫本土文化所造成，但它由於被強迫與其他文化互相吸收兼容，
最後也創造出一股新的後殖民文化：一方面抗拒西方，但也吸收
其優良文化科技。另一方面固然擁抱多元文化，多元種族社會，
但也植根於自己深厚的種族的歷史文化根源裡。

　　今天在新加坡河口，有一座獅身魚尾的塑像，口中一直的在
吐水，形象怪異，它被稱爲魚尾獅（Merlion）、根據馬來典籍
《馬來紀年》的記載，在十二世紀有一位王子在新加坡河口上岸
時，看見一隻動物，形狀奇異，問隨從人員，沒有人知曉。後來
有人說它像傳說中的獅子，因此便被認定爲獅子，遂稱新加坡爲

獅城（Singapura）。新加坡河口魚尾獅塑像之處，今日闢爲魚
尾獅公園，成爲國內外觀光客必到之地，魚尾獅也被供奉爲新加
坡之象徵。㉔

　　在魚尾獅公園進口的左邊，有一塊大理石，上面刻著一首英
文詩，題名《魚尾獅旁的尤利西斯》（Ulysses by the Merlion），
㉕爲新加坡英文詩壇祭酒唐愛文（Edwin Thumboo）於1979年
所寫，現在這首詩被英文作家稱爲新加坡史詩。㉖作者通過希臘
神話中的英雄尤利西斯（Ulysses）之飄洋過海的傳說，來歌頌
英國人遠赴海外探險與爭奪殖民地的競爭精神。這位在特洛埃的
戰爭（Trojan War）中成爲希臘人的領袖，以機智聰明，善於
謀略著名，很顯然的，作者是以尤利西斯來象徵當年大英帝國的
軍官萊佛士（Stamford Raffles）。他也是長年征戰海上，爲英
國開拓殖民地。新加坡就是萊佛士從荷蘭人與土人手中搶奪過來
的。詩中把他加以神化，成爲一個英雄。他很容易的就把新加坡
建立成一個貿易與航海業的中心，然後再建立一個多元種族的社
會。魚尾獅就是象徵萊佛士要建立的多元種族，多種語言與文化
的社會。

　　《魚尾獅旁的尤利西斯》是以尤利西斯的獨白來敘述新加坡
的歷史。詩的後半段書寫西方神話人物尤利西斯與東方神話中的
偶像魚尾獅相遇。魚尾獅是魚獅交配的怪胎，因此象徵雜種文化
（hybrid culture）。早期的移民（華人與印度人爲最多）及土
人，都是勞動階級，缺乏文化，他們以勤勞刻苦的精神，以血汗
來開墾。英國殖民主義，當然努力把他們改變成一種怪物。英國
人企圖改變這些移民的信仰與民族的集體意識：

　　　雖然方式不同
　　　他們一起改變自己

探索和諧的邊緣
尋找一個共同的中心
把他們的神也改變了
種族的傳統回憶保存在
祈禱裡、笑聲中和
女人的服飾與迎客的姿態上㉗

　　所以新加坡人目前面臨最大的挑戰，是怎樣尋找自我。華文
詩人的民族文化意識比英文詩人強，因為他們受的是華文教育。
在尋找自我時，梁鉞發現與新種文化象徵的魚尾獅，無法產生認
同感。下面是作者在1984年寫的一首〈魚尾獅〉。他在魚尾獅
身上看見文化危機感：

說你是獅吧
你卻無腿，無腿你就不能
縱橫千山萬嶺之上
說你是魚吧
你卻無鰓，無鰓你就不能
遨游四海三洋之下
甚至，你也不是一隻蛙
不能兩棲水陸之間

前面是海，後面是陸
你呆立在柵欄裡
什麼也不是
什麼都不像
不論天真的人們如何
讚賞你，如何美化你

終究，你是荒謬的組合
魚獅交配的怪胎

我忍不住去探望你
忍不住要對你垂淚
因爲呵，因爲歷史的門檻外
我也是魚尾獅
也有一肚子的苦水要吐
兩眶決堤的淚要流㉘

　　這隻魚尾獅，是「魚獅交配」的怪胎，作爲魚獅亂交而產生
的後代的魚尾獅，它永恒地在吐苦水。他永遠在尋找自己的身份；
自己既然是獅，卻不能高視闊步的走在森林裡，做萬獸之王；有
魚之尾，卻不能在水中游泳。今天的新加坡人，幾乎人人都發現
自己像一隻魚尾獅，是一隻怪異的不知名的動物。新加坡的文化
思想的發展，新加坡個人的成長，都正面臨這種困境，因爲人人
恐怕將會變成魚尾獅。因此最近新加坡人認同多元種族多元文化
的社會國家，但又特別強調各族文化不能溶成一體，是變成雜種
文化如魚尾獅所代表的。多元種族、語言、文化的國家意識不能
造成種族語言及文化根源的消失，華文教育與英文教育者的差異、
華人中各方言族群的文化差異都要保存與發揚。過去太過相信新
加坡將成爲文化大熔爐的神話已破滅。強迫新加坡人相信種族文
化的差異不應存在是錯誤的，將會引發新加坡前途的危險，尋根
意識出現，因此知識份子便恐懼傳統文化將被抹去。

五、雙重傳統，多元中心的新馬後殖民文學

　　新加坡四大語文的文學都各自有自己的文學傳統，如馬來文

繼承印尼、馬來西亞的文學傳統，淡米爾文學帶著印度文學傳統、英文擁抱英國文學、華文文學的傳統又來自中國，但它們之間互相交流，加上新加坡的經驗，各種文學本身除了繼承原來的語文與種族文學，又形成一種「本土文學傳統」（Native Literary Tradition）。這種「雙重傳統」（Duble Traditions），使到新加坡後殖民文學更緊緊的與新加坡社會與政治歷史結合在一起。

在1988年新加坡舉行的東南亞華文文學國際會議上，周策縱教授特地受邀前來作總評。在聽取了二十七篇論文的報告和討論後，他指出，中國本土以外的華文文學的發展，必然產生「雙重傳統」（Double Traditionss）的特性，同時目前我們必須建立起「多元文學中心」（Multiple Literary Centers）的觀念，這樣才能認識中國本土以外的華文文學的重要性。我認爲世界各國的華文文學的作者與學者，都應該對這兩個觀念有所認識。㉙

任何有成就的文學都有它的歷史淵源，現代文學也必然有它的文學傳統。在中國本土上，自先秦以來，就有一個完整的大文學傳統。東南亞的華文文學，自然不能拋棄從先秦發展下來的那個「中國文學傳統」，沒有這一個文學傳統的根，東南亞，甚至世界其他地區的華文文學，都不能成長。然而單靠中國根，是結不了果實的，因爲海外華人多是生活在別的國家裡，自有他們的土地、人民、風俗、習慣、文化和歷史。這些作家，當他們把各地區的生活經驗及其他文學傳統吸收進去時，本身自然會形成一種「本土的文學傳統」（Native Literary Tradition）。新加坡和東南亞地區的海外文學，以我的觀察，都已融合了「新中國文學傳統」和「本土文學傳統」而發展著。我們目前如果讀一本新加坡的小說集或詩集，雖然是以華文創作，但字裡行間的世界觀、取材、甚至文字之使用，對內行人來說，跟大陸的作品比較，是

有差別的,因爲它容納了「本土文學傳統」的元素。

當一個地區的文學建立了本土文學傳統之後,這種文學便不能稱之爲中國文學,更不能把它看作中國文學之支流。因此,周策縱教授認爲我們應該建立起多元文學中心的觀念。華文文學,本來只有一個中心,那就是中國。可是華人偏居海外,而且建立起自己的文化與文學,自然會形成另一個華文文學中心;目前我們已承認有新加坡華文文學中心、馬來西亞華文文學中心的存在。這已是一個既成的事實。因此,我們今天需要從多元文學中心的觀念來看世界華文文學,需承認世界上有不少的華文文學中心。我們不能再把新加坡華文文學看作「邊緣文學」或中國文學的「支流文學」。

目前英文文學的發展,也是形成一個如此多元文學中心的局面。除了英國本土是英文文學的一個中心之外,今天美國、加拿大、澳洲、紐西蘭、印度及許多以前英國的殖民地,都各自形成一個英文文學中心。在他們的心目中,英國以外的英文文學不是英國文學的支流,而是另一個中心。英文文學的發展,比華文更複雜,因爲許多國家的作家甚至不是白人,而是其他民族,包括印度人、華人(在新馬)、非洲的黑人。㉚

【附 註】

① Bill Ashcroft, ed. al (eds), *The Impire Writes Back: Theory and Practice in Post-Colonial Literatures* (London: Routledge, 1989), pp.1-2, 117-141。此書中譯本見劉自荃譯《逆寫帝國:後殖民文學的理論與實踐》(臺北:駱駝出版社,1998)。

② 同上,pp.1-2。

③ 同上,pp.1-11。

④ 同上,pp.133-36。

⑤ 同上，pp.6-7。

⑥ 同上，pp.133-139。我曾在討論新加坡作家受了兩種不同文化霸權影響下產生的二種不同的後殖民文學文本，見王潤華〈魚尾獅與橡膠樹：新加坡後殖民文學解讀〉，1998年在美國加州大學（UCSB）舉行世界華文文學的研討會論文，共20頁。

⑦ 我曾以魯迅為例，探討過這個問題，見〈從反殖民到殖民者：魯迅與新馬後殖民文學〉，見《東亞魯迅學術會議報告集》第一集（東京：東京大學，1999年12月），pp.63-89。關於新馬獨立前詩歌所受中國的影響，見原甸《馬華新詩史初稿，1920-1965》（香港：三聯書店，1987）。

⑧ 瘂弦、陳義芝主編《世界中文報紙副刊學綜論》（臺北：行政院文建會，1997），pp.494-505。

⑨ 王潤華〈論新加坡華文文學發展階段與方向〉，見王潤華著《從新華文學到世界華文文學》（新加坡潮州八邑會館，1994），pp.1-23。林萬菁《中國作家在新加坡及其影響，1927-1948》（新加坡：萬里書局，1994），pp.12-153。

⑩ 我在《從新華文學到世界華文文學》一書中第一卷的多篇論文，對新馬早期的這類作品有所論述，見pp.1-94。

⑪ 方修編《馬華新文學大系》（新加坡：星洲世界書局，1971-1972），共十冊，收錄1917-1942年的批判、戲劇、詩、散文等作品與史料。

⑫ 靜海〈懷鄉草〉、冷笑〈萍影集敘詩〉，劉思〈去、去當兵〉，見方修《馬華新文學大系》，第6冊（詩集），pp.142-143，39-40，180-181。

⑬ 見前註⑦。

⑭ 同前註①，pp.133-136。

⑮ 趙戎等編（新加坡；教育出版社，1971-75），共八冊；黃孟文等編《新加坡當代詩歌選》（瀋陽：瀋陽出版社，1998）；陳大為等編《馬華當代詩選》（臺北：文史哲出版社，1995）。

⑯　白靈等編《八十七年詩選》（臺北：創世紀詩社，1999），pp.1-2。
　　原詩〈集中營的檢查站〉，現收入王潤華詩集《熱帶雨林與殖民地》
　　（新加坡：作家協會，1999），pp.117-119。

⑰　同上，《八十七年詩選》，p.2。

⑱　論文見《說不盡的吳岸：吳岸作品國際學術研討會報導、論文集》
　　（加影：董教總教育中心，1999），pp.112-124。

⑲　吳岸這類主題詩〈達邦樹禮贊〉，見詩集《達邦樹禮贊》（吉隆坡：
　　鐵山泥出版社，1982），pp.13-15。

⑳　吳岸《榴槤賦》（古晉：砂勞越華文作協，1991），pp.28-32。

㉑　此詩收集於《馬華新文學大系》第6冊，pp.72-73。

㉒　我在〈魚尾獅與橡膠樹：新加坡後殖民文學解讀〉有一節〈英國人
　　移置的橡膠樹：紮根赤道，向熱帶風雨認同〉有論析樹膠樹在新馬
　　後殖民文學的主題意義。此論文為美國加州大學（UCSB）1998年
　　世界華文文學要題討論會的論文，共18頁。

㉓　方修（編）《馬華新文學大系》第三冊，pp.281-299。

㉔　關於魚尾獅的傳說，見魯白野《獅城散記》（新加坡：星洲世界書
　　局，1972），pp.95-97。

㉕　Edwin Thumboo, *A Third Map* (Singapore: Uni Press, 1993), pp.80
　　-81。

㉖　關於這首詩的各種評論，見Rajeer Patke, "Singapore and the Two
　　Ulysses", *The Arts,* No.6 (Feb.1998), pp.24-30。

㉗　同前註㉔，pp.81。

㉘　梁鉞《茶如是說》（新加坡：五月詩社，1984），pp.37-38。

㉙　王潤華等編《東南亞華文文學》（新加坡：新加坡作協與歌德學院，
　　1989），pp.359-362。

㉚　我有數篇論文探討這問題，見《從新華文學到世界華文文學》，pp.
　　245-276。

從戰後新馬華文報紙副刊
看華文文學之發展

一、華文報副刊開拓了海外歷史最悠久的華文文學

　　我從第一次嘗試創作到今天，前後四十年，始終沒有改變我與報紙副刊的密切關係。只要一動筆寫作，首先便想到投稿副刊，其次才是文學雜誌。出版社對我來說，那是極遙遠的身後事。我相信世界各地的華文作家都像我一樣，一執筆寫作，就希望能把作品拿到副刊去發表。新加坡用英文寫作的同胞就沒有這個想法，他們與西方人的作業方式相同。他們不是先簽約才寫書，就是一首一首詩，一篇一篇小說寫成一本書之後，就直接找出版社出版，偶爾先投稿雜誌，那是少之又少的事。新馬的英文報紙抄襲了西方的傳統，根本沒有文藝副刊之存在。《紐約時報》的文藝副刊主要是書評或文壇紀事，新加坡的《海峽時報》也是如此，不是可發表創作之園地。①

　　我在1957年在馬來亞讀初中時，寫了生平的第一首詩《雄雞的歌唱》，發表在新加坡出版的《星洲日報・青年文藝》。當時我的學校霹靂州金保埠的培元中學，坐落在熱帶雨林裡，如果不是有門戶公開的寫作園地，又設在流傳廣大的新聞報紙上，住在偏僻山區的我不可能有投稿發表的機會，今天就不可能還寫作。我今年（1996）與淡瑩受邀前往愛荷華大學參加國際寫作計畫，爲期三個月，這是我有生以來，第二次能撇開繁忙的大學教務，

能專心投入寫作。一有詩作，首先便是給報紙副刊投稿，從新加坡《聯合早報》的《文藝城》、馬來西亞《星洲日報》的《文藝春秋》，《南洋商報》的《南洋文藝》到臺北的《聯副》、《世副》、《中副》、《人間》。因為不管你住在美國那一個小城，都能在大學圖書館與網際網絡上與這些大報天天見面，這種親近的關係往往使我先想到副刊，然後才是一些地位崇高的詩刊或純文學雜誌。

以新加坡為例，根據近年的調查，全人口約300萬，華人佔全人口約76.7%，英文為華人的主要使用語文，但是新加坡作家，絕大多數以華文寫作。新加坡國家圖書館的調查顯示，從1965至1977年十三年間的文學書籍出版，華文有408本，而英文只有45本，如果把發表在華文報副刊的作品也拿來比較，中英文作品的產量差距則更大。②近二十年來，新加坡人都以英文為第一語文，用英文創作的人還是明顯的比華文的少，究其原因，最主要還是因為英文報紙沒有文藝副刊可供創作投稿。每天見報的文藝副刊，對雖然人數很少的通曉華文的新加坡人，刺激力是極大的。

馬來西亞的政府學校，今天全部以馬來文為教學媒介語，華文只在少數獨立中學使用，造成通曉華文的人大大減少。可是就如陳大為等人編的《馬華當代詩選》所展示，在以馬來文為主的教育政策施行前後長大的1960及1970年代的華文詩人，陣容還是很強大，而編者歸功於報紙副刊：

　　　　詩在九十年代的馬來西亞有非常優厚的發表空間。當地兩大華文報章──《星洲日報》和《南洋商報》──各有一個純文學副刊：《文藝春秋》和《南洋文藝》，每周各以兩個全版刊出馬華文學作品；至於連載性的本土及國外小說和文化論述則另有其他專屬版面。就詩而言，偶有

　　超過三分之二版乃至連載兩、三天的個人詩展，以及一口
　氣刊登五、六首短詩或一、兩首百行長詩的大手筆；而且
　有些作者是完全陌生的新手。至於每兩年舉辦一次，已進
　入第三屆的星洲日報「花蹤」文學獎，更提供了二百行的
　長詩創作空間。③

　　陳大為的結論說：「詩在九十年代的馬來西亞，確實有令人
羨慕的生存環境」。其他文體也是如此。

　　新馬從戰前至今，人文環境惡劣，卻能發展出在中國以外的
獨立國家中，歷史最悠久、作家作品都很衆多的兩種華文文學，
其中最重要因素，就是華文報紙提供了很好的生存空間。在七〇
年代以前，新馬華人受教育程度較高者，以受英文教育爲多，但
同樣是華人，受英文教育的華人很少從事創作，而受華文教育者
就不同了。這種發展，除了文化思想因素，報紙副刊提供創作園
地發生很大的刺激與培養的效果。

　　雖然新馬的華文報副刊繼承中國的傳統，但兩國的副刊每天
所提供發表文學作品的篇幅，遠遠超過中國大陸及臺灣的大報。
新馬的主要大報如新加坡的《南洋星洲聯合早報》，大馬的《南
洋商報》及《星洲日報》，副刊的分類，比《人民日報》、《聯
合報》、《中國時報》、《中央日報》還要專門，篇幅也多。以
新加坡的《聯合早報》爲例，它除了《文藝城》每週三大版，專
發表純文學的創作，尤其詩、散文、小說及文學評論，還有每天
的《連載天地》供世界華文長中篇小說及非小說連載。由於目前
流行「方塊」小品，又設有《四面八方》專版，每週三次，供方
塊文章。另外又設旅遊版、茶座、藝術、影藝供旅遊文學、文化
評述、視覺藝術等文章發表。

　　新馬華文報紙正因爲給地小人稀的華文文壇及人口提供巨大

的園地，在培養寫作人才、主導文風等方面，產生巨大而長遠的
影響。近二十多年，報館還走出副刊，策劃許多運動性的文學活
動，除大量邀請國際知名華文作家前去交流，籌辦各種文學創作
與欣賞活動，像新加坡《聯合早報》辦的「國際華文文藝營」，
大馬《星洲日報》辦的「花蹤」文學獎及文學交流活動，都是具
有國際性視野的重要世界華文文學活動。

二、戰前新馬的副刊：中國作家的殖民地

　　中國跟馬來半島的通商聯繫，相信很早就開始，不過中國人
作永久性移民馬來半島，卻從十四世紀馬六甲的馬來王朝建立以
後才開始。1819年萊佛士（Stamford Raffles）在新加坡登陸，
向英國政府建議將新加坡發展成為大商港，移民急速增加。
1895年，英國人大力在馬來半島開拓橡膠園與開採錫礦，更大
力鼓勵華人移民，在1941年，新馬人口為240萬，約佔新馬全人
口的43％。今天大馬人口共有兩千萬，華人共有六百多萬人，約
佔全人口34％，而新加坡全人口共有三百萬，華人人口約77.6％。

　　新馬第一家華文報紙《叻報》創辦於1881年，這也是東南
亞首家華文報紙。接著1890年《星報》又在新加坡創辦，第三
家最早的華文報是一八九七年在吉隆坡出版的《南洋時務報》。
在後來的數年間，不少華文報紙在新加坡與吉隆坡出版。⑤這些
報紙，都繼承了中國國內報紙的傳統，設有副刊。當時的移民多
數是文化水平極低的工人，投稿以教師、新聞工作者、外交官及
過境的文化人為主。黃遵憲、薛福成、郭嵩燾、康有為、丘菽園、
梁啟超都曾在這些報紙上寫稿。這些文言文作品是新馬最早期的
僑民文學。⑥

　　目前學者所謂的馬華文學和新華文學，都是指用白話創作的

作品，因此沒有把1917年以前的文言文作品包括進去。受到
1917年在中國掀起的新文學革命運動之影響，新馬的報紙編輯
與文化界也開始感到有必要採用白話文和西方文學形式來創作。
到了1919年，新加坡的《新國民日報》的副刊《新國民雜誌》
便搶先發表白話文學作品。⑦

　　從最早至戰前，來自中國文壇的影響力，完全左右了馬華文
學之發展，副刊成了他們統治當地文壇的殖民地。林萬菁的《中
國作家在新加坡及其影響，1927-1948》⑧，就研究了洪靈菲、
老舍、艾蕪、吳天、許傑、高雲覽、金山、王紀元、郁達夫、楊
騷、巴人（王任叔）、沈滋九、陳殘雲、汪金丁、杜運燮等人。
他們在中國時已有名氣，移居新馬，不是擔任副刊編輯便是在學
校教書，所以影響力極大。現在重讀這些副刊，便明白本地意識、
本土作品沒法迅速成長的原因。但是本土意識的文學種子在壓抑
下一直在成長。譬如在戰前，二〇年代，一群編者開始注意到，
新馬長大的或出生的作者，要求關心本地生活與社會，改用本地
題材來創作，於是副刊開始提倡把南洋色彩放進作品裡。到了
1930年代，由於新馬華人歸宿感日益增加，作家把南洋的觀念
縮小成新馬兩地，通稱為馬來亞，因此「南洋文藝」便開始發展
成馬華文藝。⑨

三、副刊是馬華文學脫離中國文學獨立的鬥爭舞台

　　新馬的華人人口，在第二次世界大戰以後，本地出生人口超
越總人口的一半，以新加坡為例，約佔56％，1957年，增加到
64％，　1970年，有74％，1980年，佔78％。同時戰後政治上的
演變，促使更多華人誓死效忠新馬，跟當地社會更密切聯繫起來，
尤其重要的，由於英國政府首先讓新加坡出生的華人成為本地公

民，也正在跟馬來統治者談判，爭取馬來半島上出生的華人享有與馬來人相同的公民地位。

就如社會、政治方面的發展，馬華華文文學作家也開始爭取獨立。本地出生長大的作家，要求更進一步發展作品應有的本地題材與馬來亞意識；另一派作家，由於剛南來不久，中國因受到日本的侵略，僑民意識、愛國之心則更強烈，再加上抗戰救亡，華文報紙的激情一時緩和不下來，結果一場爭奪戰便在主要報紙副刊上爆發。當時主張海外華僑文學繼續發展，保留作為中國文學之支流的本質的作家勢力強大，因為中國著名作家胡愈之、汪金丁極力維護，而郭沫若、夏衍也不表示反對。⑩

可是戰後由於馬來亞共產黨以武裝力量與英國殖民政府對抗，新馬在1948年宣佈緊急法令，再加上中共在大陸的勝利，英國殖民地政府對親中國的思想特別恐懼，因此大量華文作家被遣送回中國，而且也禁止來自中國的作家或文化人擔任報紙副刊編輯，切斷來自中國作家的稿源。另外中國現代作家的作品也禁止進口新馬。英國殖民政府把中國作家驅趕出新馬，本土作家才容易擺脫中國作家而獨立。

政治的敏感，使到新馬華文作家冷靜下來。他們於是停止盲目跟著中國文壇走，不再為政治而狂熱，作者最後迫得只好向自我尋找才華，用自己的獨立性去發展自己。他們突然發現到一種對創作很寶貴的自由，他們不必為千萬里外的中國讀者而寫，不必追隨中國的文風和讀者的需求，他們完全的寫自己熟悉的生活，完全自由的寫自己喜歡寫的題材。因此馬華文學才開始享有自由的獨立發展。⑪

新馬的華文報紙副刊，固然提供肥沃的園地，讓華文文學成長，但它又阻止它根據新馬的天氣與土地的自然環境生長，所以

新馬華文學在新馬政治獨立，形成獨立國前，主要停留在副刊在發展。如果把副刊比喻成一個大花盆，則新馬華文文學只是一株長在花盆中的花樹，沒有廣闊的自然大地，即使是一棵蒼松，也只是盆景而已。

四、植根於五四老傳統的新馬華文文學

　　林萬菁在研究第二次世界大戰前後中國作家在新加坡的影響，也得出這樣的結論：

　　　　戰前十幾年間，整個馬華文運，完全由一般副刊在推動；少數的雜誌與戲劇團體，僅僅盡一點輔助的作用而已。副刊對文學的影響實在不言而喻。郁達夫、胡愈之與王紀元等分別在《星洲日報》及《南洋商報》擔任編輯，對於抗戰文學，不遺餘力，其他如中國作家巴人、楊騷、金丁、高雲覽更勤力執筆……抗戰文學，是一種結合時代，強調社會性的文學。他們力倡抗戰文學的結果，播下了寫實的、感時憂國的文學種子。⑫

　　中國作家用五四文學的傳統精神播種，長出的馬華文學的根當然深植於中國五四文學裡，尤其普羅寫實文學，偏重社會性的文學觀，作家要兼負思想導師與改革社會運動家的使命與角色。當時來新馬的作家，不管是報紙編輯還是老師，都要求自己在文學、思想、文化、愛國救民上發揮助長與激發作用。

　　即使今天的新馬文學還是四處可見，到處可聞到五四文學老傳統的遺跡與氣味。新馬戰後1946至65的作品大系《新馬華文文學大系》，甚至柏楊主編的《新加坡共和國的華文文學選集》裡的作品，提供了最有說服力的證據。⑬新加坡華人用英文創作的作家，由於不是在副刊裡成長的，他們的創作觀與世界觀就大

大不同，他們偏向個人內在生活，少寫社會大眾。探討方向很不
一樣。

五、新馬華文報副刊的新傳統：臺灣之影響

　　我在本文一開始，就肯定新馬華文文學的發展從戰前到戰後，
一直到今天，華文報紙文藝副刊始終成為華文文學的發展中心。
它在培養新人、開導新潮流、發表作品等方面始終對整個文學界，
發揮極重大的影響力。⑭

　　不過從七〇年代開始，新馬報紙副刊的運作，大大超越六〇
年代之前的靜態編輯方式，主要作為發表作品的園地的老傳統。
我看主要是受了臺灣的幾家大報如《聯合報》的影響。正如李瑞
騰所指出，《聯副》帶進了運動的性格、發揮了多功能的文學／
文化傳播效果。⑮馬來西亞的《星州日報》、《南洋商報》、新
加坡的《聯合早報》，除了策畫性的編輯方法，如1994年《南
洋商報》的《馬華文學倒數》系列，從1970年出生的作家作品
專號開始，一直到數到1910年的作家，一連刊載了三個月。新
加坡《聯合早報》在八〇年代曾大推出一系列新作家，目前引人
注目的希尼爾、伍木、卡夫、韋銅雀、蔡深江等等，便從此成為
文壇之重鎮，《聯合早報》目前不定期的專題報導《作家咖啡座》
也頗引起興。這些報紙副刊，做專輯、策劃演講座談、學術研討
會，更舉辦各種文學獎如「花蹤」與「金獅獎」。

　　新馬華文報紙副刊的這種作業方式，拓寬了新馬作家與讀者
的國際視野，建立了廣闊的世界華文作家的聯絡網，這樣新馬作
家自然受到挑戰，引起思考。很明顯的，新馬兩地的文學自七〇
年代開始至今，起了急遽的變化，一些優秀的作家在臺灣、在大
陸及其他地區都引起注目，這與副刊拓寬了一個版面之空間，成

爲一個全球化的華文文學天地有密切關係。

六、文壇就是副刊，副刊就是文壇

作爲作家，我們都希望和設法使文學能脫離報紙而存在。但是在跨進二十一世紀的時候，當世界人口愈來愈多走進電腦的資訊高速公路裡去旅行，愈來愈少人買文學刊物與書籍，報紙副刊又日形重要。今天副刊仍然是培植作家、豐富文學資源、協助讀者走入作家與作品的世界，引進文學思潮，發展文學的巨大持久的一種力量。只要報社老闆肯回饋社會，開明大方的不以副刊爲是否引進讀者、成功推銷報份的標準，另外只要編輯先生能像近二十年間《聯副》在瘂弦先生及其他編輯如陳義芝等人那樣，具有世界文學的遠見，前衛的膽量，又運用多元式的去運作，即使文壇就是副刊，副刊就是文壇，也沒有什麼可怨可憂的。

但是以臺灣爲例，如果沒有《文學雜誌》、《現代文學》、《純文學》、《文學季刊》，也沒有《現代詩》、《藍星》、《創世紀》、《星座》、《笠》，這些所謂「小雜誌」，副刊不管辦得怎樣好，今天臺灣的文學成就、作家的陣容就要遜色多了。沒有同仁辦的小雜誌，文學很難堅持常久的徹底的走嚴肅的路線，更難提倡實驗創新的創作。白先勇下面這段話，值得我們在研討副刊對文學發展深遠的影響時，多多加以思考：

> 《現代文學》是同人創辦的所謂「小雜誌」，我們當時完全不考慮銷路，也沒有想去討好一般讀者的趣味，所以這本雜誌走的一直是嚴肅文學的路線。因爲曲高和寡，銷路不佳，始終虧損累累，但是卻因此保持了我們一貫的風格。我們那時雖然學識不夠，人生經驗也很幼稚，但我們對文學的態度，卻是絕對虔誠的。我們那時寫作，根本

談不上名利，因爲《現代文學》的銷路一直在一千本上下，引不起社會的注意，而經費又不足，發不出稿費。我們那時努力創作可能也抱有青年人的一種思想與使命感吧，要爲臺灣文學創立一種新的風格。現在回想起來，我們當初在《現代文學》那本冷雜誌上面壁十年，對日後的寫作生涯倒是很有益處的。唯其沒有名利的牽掛，寫作起來，可以放膽創新，反正初生之犢，犯了錯誤也不足掛齒。那一段時期的磨煉，確實替我們紮下了根基。現在臺灣的報紙雜誌多了，稿費高，獎金多，青年作家成名太快，可能對他們的創作不一定有幫助。文學創作的確是一番艱辛而又孤獨的自我掙扎，自我超越，不宜揠苗助長。六〇年代那種嚴肅而又樸素的文風，倒不禁令人懷念起來。⑯

只有同仁的雜誌，才敢不顧一切後果，刊登有價值的好文學作品，發掘培養優秀的青年作家，開新風氣，《現代文學》當年（六〇年代）就有這個膽識：

　　雜誌出來了，銷路大有問題。甚麼人要看我們的雜誌？卡夫卡是誰？寫的東西這麼古怪。幾篇詩跟小說，作者的名字大都不見經傳。就是有名的，也看不懂……⑰

作家辦同雜誌，有更大的好處，可以放膽甚至放肆的發表自己的作品。白先勇自己就承認：「有了自己的地盤，發表文章當然就容易多了。好的壞的一齊上場，第一期我還用兩個筆名發表了兩篇：〈月夢〉和〈玉卿嫂〉」。⑱白先勇從1964年元月第19期至43期的《現代文學》，幾乎每期發表一篇小說，第37期有二篇，⑲如果當時他沒有機會如此過癮的去發表，可能他就沒有達到寫作高潮的機會。

新馬文壇，現在冷靜的回顧一下，副刊固然貢獻重大，但如

果馬來西亞沒有《蕉風》、《寫作》，新加坡沒有《五月詩刊》、《文學半年刊》及許許多多短命的小雜誌，如果又沒有機會投稿臺港的純文學雜誌，我難以想像今天新馬的作家及其作品的文學質地與水平。一個創新的文學發展，只有在純文學與高檔次的副刊的互相配合相應中，才能完成。所以在肯定副刊的貢獻的同時，也不能忘記純文學雜誌的重要任務。

【附　註】

① 新加坡英文日報以《海峽時報》（*The Straits Times*）為主，大馬則有《新海峽時報》（*The New Straits Times*），歷史最為悠久，都沒有副刊可供投稿。新加坡的《海峽時報》在八十年代曾闢一些版位供詩與小說發表，但時間不長就取消了。

② 參考黃孟文、王潤華編《新華文學作品選》（中英對照）（新加坡：作家協會，1983），頁9-16。

③ 陳大為等編《馬華當代詩選：1990-1994》（臺北：文史哲出版社，1995），頁7。關於《星洲日報》與《南洋商報》近年所辦的其他活動，見小曼〈馬華文學的動態空間〉，見王潤華、辜美高編《馬華文學新成就新方向》（新加坡：新加坡國立大學藝術中心出版社，1996），頁26-35。

④ Victor Purcell, The Chinese in Malaya (London: Oxford University Press, 1967), pp.10-11，69-117，296-297.關於目前大馬人口，參考鍾臨傑《馬來西亞華族人口之變遷》，1996年6月在大馬Fraser's Hill舉行《馬來西亞華族史研討會》之論文，未出版，頁6-9；新加坡之人口根據最近媒體常用之估計數字。

⑤ Chen Mong Hock, *The Early Chinese Newspapers of Singapore*, 1881-1912（Singapore: University of Malaya Press, 1967），17-75.

⑥ 參考王潤華〈論新加坡華文文學發展階段與方向〉，收入王潤華著《從新華文學到世界華文文學》（新加坡：新加坡：新加坡潮州八

邑會館，1994），頁1-23。

⑦　見同上，頁6-12。本論文所用新馬華文文學一詞涵義如下：在1965
　　年新加坡脫離大馬獨立前，馬華文學包含新馬兩地華文文學，1965
　　年後，新華文學一詞逐漸形成，而後馬華文學只指馬來西亞的華文
　　文學。在1957年之前，馬來亞可泛指新馬兩地。馬來亞獨立後改名
　　馬來西亞。

⑧　林萬菁《中國作家在新加坡及其影響，1927-1948》（新加坡：萬
　　里書局，1994）。

⑨　見前註⑥，頁13-17。

⑩　見前註⑧，頁158-169。

⑪　見前註⑥，頁13-17。緊急法令長達12年，至1960年才取消。

⑫　見前註⑧，頁169-170。

⑬　李廷輝等編《新馬華文文學大系》（新加坡：教育出版社，1971-
　　1975），共八冊；柏楊《新加坡共和國華文文學選集》（臺北：時
　　報出版社，1982），共六冊。

⑭　關於戰前新馬副刊之情形見楊松年〈戰前新馬文學副刊期刊論析〉，
　　見王潤華等編《東南亞華文文學》（新加坡：歌德學院與新加坡作
　　家協會，1989），頁43-55。

⑮　李瑞騰〈聯副的運動性格〉，見《聯合報・副刊》，1996年11月15
　　日。

⑯　白先勇〈《現代文學》創立的時代背景及其精神風貌〉見《現文因
　　緣》（臺北：現文出版社，1991），頁13-14。

⑰　白先勇〈《現代文學》的回顧與前瞻〉同上，頁196。

⑱　白先勇，〈驀然回首〉見《寂寞的十七歲》（臺北：遠景出版社，
　　1976），頁335。

⑲　參考〈白先勇著作目錄〉見袁良駿《白先勇論》（臺北：爾雅出版
　　社，1991），頁387-389。只有26至28及第39期沒有他的小說。

解讀當代馬華文學的後殖民鄉土記憶

——序林清福《當代馬華鄉土小說研究》

一、學術研究本土化

　　林萬菁博士在《中國作家在新加坡及其影響》（新加坡：萬
里書局，1978，再版1994）的〈初版後記〉裡有這樣的一句話：

　　　　1976年4月初，在王潤華先生建議下，擬定了《中國
　　作家在新加坡及其影響》這個專題研究。王先生覺得在新
　　加坡研究中國文學，最終目標一定要本地化、以新加坡人
　　的立場及眼光，來作爲出發點，樣比較有收穫，而且有意
　　義。

　　這是我二十多年前說過的話，但是今天仍然是我的理念與研
究的方針。所以當林清福1994年在新加坡國立大學中文系撰寫
畢業論文時，提出研究1970年至1989年間馬華鄉土小說，我馬
上接受他的研究題目，因爲這也是我自己深感興趣的重要馬華文
學課題，很值得加以探討。

　　去年（1997）大馬留臺總會所辦的《寫華文學國際學術研
討會》，我曾指出，如果有人認爲目前馬華文學還欠缺其獨立性，
缺少本土意識，那是極嚴重的錯讀了馬華文學：

　　　　東南亞各國的文學與藝術作品雖然廣泛深入的接受了
　　中國、印度與西方的影響，但他本身具有很強烈的馬來文
　　化作爲基礎。由此在文化表現上與中國、印度及西方有所

不同。在繪畫上、色彩的表現最容易呈現其本土性,而馬華文學從1930年開始,其本土性就已經開始迅速形成。如果認爲目前馬華文學還欠缺其獨立性,本土意識,那是嚴重的錯誤馬華文學。過去我個人覺得馬華文學曾經一度過於急著爭取文學上的獨立,結果造成華族文化意識的貧乏,以及中華文學傳統的一度流失,如今當我們進入地球村的世紀,多元文化已經成爲我們生活的全部。沒有多元文化,文化就沒有發展的潛能。我們的馬華文學需要雙重傳統,那就是中國文學傳統與本土文學傳統。中國文學傳統給我們提供一個文學的根源。而我們的土地、人們、風俗、習慣、文化和歷史以及特殊生活經驗自然的形成了目前我們所擁有的本土的文學傳統。今天馬華文學所以受到重視與肯定就是因爲它擁有這雙重傳統。(見王潤華〈世界性文學批評與馬華文學的尖端對話〉,《馬華文學國際學術研討會論文集》)

二、打破單元中心主義,從雙重傳統理論出發

　　林清福這本論文,正是從雙重傳統(Double Traditions)的理論出發,通過探討當代馬華小說,來了解馬華文學的獨特性及其文學傳統。殖民主義所強力推行的單元中心主義(monocentrism),把馬華文學推向邊緣文學,中國人的優越文化主義也主張單元中心主義,也長期把馬華文學看作中國文學的支流。由於國家與區域認同意識的成長,這種被孤立的邊緣人的遭遇與地位終被推翻,將所有經驗都以沒有中心,多元化的角度來思考。因此後殖民理論的發展與被用在分析馬華文學中,因爲我們需要通過比較去了解多元文化傳統及文化混合的種種新傳統。正因爲從這角度研究,這本專著很有說服力的告訴我們,在1970至 1989

年間，馬華小說家像宋子衡、丁雲、商晚筠、潘友來、夢平、菊凡、游牧、梁放、小黑、雅波、潘雨桐及其他人的小說作品，不但藝術水平高，也建立起它獨特的文學傳統，具有濃濃的大馬華族的、本土的特色。

當年馬華文學是名符其實的眞正後殖民文學（post-colonial literature），這種後殖民文學作品最大特點就是作品特別關心與呈現位置與移置（place and displacement），由於關心尋找自我與位置的明確身份，所以後殖民作家才有危機感，而林清福研究的這些馬華作家，儘管他們都是第二甚至第三代的移民，但是他們完整的積極的自我感，多多少少還是被「錯位」移置（dislocation）所腐蝕。這種「錯位移置」是由於先輩的移民、被剝削與奴隸的經驗，或者是由於「文化抹黑」（cultural denigration），大馬華人作家個性與文化不但遭受英殖民政府民族優越與文化優越的打壓，也深受原來中國文化壓迫。因此尋找自我的本土性成爲當代小說的一大主題。

在這種新的土地上，新的生活經驗需要新的語言，從中國文學帶來的語氣不能承擔這種馬來半島上的新文化與生活，新感受，因此像商晚筠爲了寫多民族的華玲小鎭及其小人物的心聲，她創造了自己的語言。梁放爲了砂勞越原居民（如伊班族）及華人的生活及環境，他也創造了自己的語言。在後殖民時代的亞洲與非洲，英文（English）作家爲了能敘述他們各地的「他者」（otherness）的感受，他們被逼創造自己的英文，這種語言目前以小寫english來區別英國人的大寫English，所以新馬目前把漢語稱爲華語以區別中國人用的漢語是有道理的。

林清福在論文中，雖然沒有大量採用後殖民地批評的語言文學，其實這本論文是以後殖民文學的批評角度來進行分析問題的。

這是研究馬華文學的一條新途徑。更重要的是,這本論文開拓了
一個新領域,本書所討論的每一個小說家或主題,都是值得作更
精細深入的個案研究。

一九九八年新加坡國立大學中文系

到處聽見伐木的聲音

——吳岸詩中的後殖民樹木

一、擁抱本土的後殖民文學的文本

　　後殖民文學（post-colonial literatures）的重要特徵是對地方（place）與移遷（displacement）的關注。作家自我與本土的認同是最重要的主題。本土化的作家，堅持與代表殖民主義者的帝國中心（imperial centre）的文化不同。吳岸的詩歌作品就具有後殖民文學的特色。本文只採用他詩中的樹木意象來說明，他如何通過地方經驗，去表達他者性（otherness）的思想意識。他如何改造語言與意象，讓它能承擔新的本土經驗，譬如一棵樹，它居然也具有顛覆性的文化意義，一棵樹它就能夠成本土文化的基礎。①

二、森林深處美麗的金花

　　在《金花》那首詩裡，作者說每當起風時，膠林響起橡實爆裂的聲音時，他就凝望著林間深處，他的心就像蝴蝶，飛進了綠林深處。他永遠都記得舅舅說過，在遙遠的叢林中，有一朵金花。「尋找美麗的金花」便是吳岸詩中的一首主題詩，一個最美麗的後殖民聲音，這種聲音是第一代移民（舅舅）留下的遺產。他沿著這種聲音，在叢林中去尋找屬於自己的身份與土地：②

　　多少兒時夢

　　都隨年華逝

　　那園林早已蕪

　　我的心也已憔悴

　　惟有那金花

　　多少次

　　　　在夢中閃爍

　　當夜裡

　　　　風起時……

　　吳岸在七十年代末，走出監獄高大的圍牆之後，以自由之身，又去尋找砂勞越土地上的神話：③

　　　　但是不幸的，我卻被遠遠隔離在人為的高牆之內，六十年代中，我因參加獨立鬥爭而被捕入獄，在獄中度過了十年的光陰，我最寶貴的青春。那時我是多麼地想念我的山水啊。

吳岸所尋找的金花在成年人的眼中，變成一棵高大的達邦樹，樹身高大無比，它是伊班族人傳說中的英雄，也是他生平最喜愛的樹：④

　　你是山頂上

　　　　一棵高大的達邦

　　在拂曉時第一個

　　　　去迎接黎明的曙光

　　你那參天的綠葉

　　　　吮吸著宇宙的靈氣

　　蜜蜂在你的懷抱裡

　　　　釀製百花的芬芳

　　那一天

　　　　我來到山下把你眺望
　　只見你一身潔白
　　　　沐浴在晨曦裡
　　像一個銀色的巨人

　　有一年炎熱的七月
　　正是農人燒芭的季節
　　熊熊的野火
　　　　把山坡燒成一片焦黑
　　我站在新闢的芭場上向你眺望
　　只見你巍然不動
　　　　屹立在滾滾的濃煙中
　　像一個古銅色的巨人（〈達邦樹禮贊〉）

　可是這棵達邦樹在一個半夜裡，轟然一聲倒下去了，消失在
黎明前的黑暗中：

　　半夜裡我從夢中驚醒
　　耳邊猶聽見轟隆一聲巨響
　　我連忙起身
　　　　向山頂了望
　　啊
　　美麗的達邦樹啊
　　你已不見了蹤影
　　你已經倒下了
　　　　消逝在黎明前最深邃的黑暗中（〈達邦樹禮贊〉）

　這棵樹其實是叢林中那朵金花的成長，它從花變成樹，再變
成金色的巨人：

　　每當夕陽西下

　　　　彩雲片片的時候

　　我抬頭遠眺

　　彷彿又見到了你

　　含笑地陶醉在晚霞中

　　像一個金色的巨人（〈達邦樹禮贊〉）

　　達邦樹（Tapang）是婆羅洲生長的一種樹木，木質堅硬，樹身高大，在伊班族民間傳說中的英雄。作者攀上樹腰，便能眺望與呼吸著芬芳的靈氣，聽見百鳥歌唱（〈達邦樹上〉）。⑤這個金人所以便是殖民時期與後殖民時期的本土文化，自我認同的象徵。他為什麼在黎明前倒下？有待我們思考。

三、回到原始山洞，到處聽見伐木的聲響，一排排木桐漂流而下

　　為了要找出達邦樹消失的原因，吳岸回到砂勞越內陸的摩鹿山洞（Mulu Cave）去考古。在那裡還有祖先的足跡，現在普南族原住民衣衫襤褸，四處可聽見伐的聲音，而雙溪百林奴（Sungei Melinau）的濁流中，一排排木桐標流而下。⑥

　　那裡有我的族人

　　他們衣衫襤縷

　　在森林裡到處流浪

　　到處聽見伐木的聲響

　　在逶迤的河上

　　一排排木桐漂流而下

　　你已失去了蹤影（〈摩鹿山〉）

　　自從西方殖民主義者進入婆羅洲以來，一直到今天，凡是到過砂勞越的人，最難忘的現象便是每一條大河流上，日夜都可見一排排木桐漂流而下。我前幾年一個人坐在詩巫市中心的一間大旅店客房的窗邊，渾濁的急流如血水。河流似乎就是婆羅洲流著的血水，不斷因為森林的砍伐，大自然的受傷而流血。吳岸回到原始山洞，暗喻回到歷史的源頭，他發現世界各地的遊客還是繼續不斷前往婆羅洲，打著獵奇、探險的旗幟，其實是掠奪，而且還深入土地中深處的山洞。

四、Caterpillar 已啃去一片綠林

　　砂勞越進入現代化以後，重型機器取代了斧頭與鋸齒。在〈民都魯二題〉之一首中，吳岸寫道：⑦

　Caterpillar
　　　已啃去一片綠林
　又將山
　　　深深剖切
　處女土
　　　裸露著赤紅的豐腴
　在晴空下
　　　一望無際
熱帶雨林被推土機殘害後，再進一步剖開大地的心臟：
　Hino
　　隆隆然把未來城市的鋼筋
　　　　曳向地平的高點⋯⋯（〈民都魯二首〉）
　　所建立的多國資本主義控制下的現代化城市，是另一種霸權

的建設。今天一部電視機、一座電影院、一間快餐店,就代表霸權文化的展開。所以吳岸以這首〈民都魯〉作爲全球性資本主義席捲天下時,開始在婆羅建立其基地的開始。他告訴我們,英殖民地雖是撤退了,多國霸權卻建立在意識形態之上。

五、大路的記憶:森林中第一個伐木的斧聲

吳岸詩中有好幾首是回憶消失的森林。〈撿門記〉中,即使一塊舊木片,有時也難逃鏟泥機的巨齒啃吃的噩運:⑧

　　一撮朽木

　　愴愴中

　　自鏟泥機的巨齒下逃出

〈古樹〉、〈達邦樹上〉中的回憶比較愉快。⑨但〈記憶〉中的樹已開始被人砍伐。⑩

　　大路隱約聽見腳下森林中

　　第一個伐木者

　　坎坎的斧聲

大路是殖民主義者開拓的,目的是要奪取當地的資源,然後把它運輸到國外。婆羅洲的森林所以消失的這麼快,因爲它日夜分別通過河流與大路運輸到國外。

在〈鄉間小路〉那首詩裡,不但小路上的落葉和樹根都找不到,連小路本身也消失了,小路回憶道:⑪

　　但我已經不復存在

　　四處是高樓大廈

　　汽車飛馳而過

　　吐著窒人的油煙

從這首詩吳岸把我們從殖民主義、多國資本主義,又帶進環

保詩歌的主題了。

六、從後殖民到環保詩：一棵樹木帶出的主題

　　吳岸在〈傾聽〉那首詩中，告訴我們樹木是地球聽覺最敏感的生命，它每天都細心聆聽地球上的各種聲音。有時為了聽海的呼喚，整座樹林都把樹腰歪曲下來：⑫

　　　樹林的那方
　　　一條河
　　　汩汩流向海洋

　　　為了諦聽河的細語
　　　海的呼喚
　　　整座樹林都
　　　傾斜了

　　我在上面雖然只解讀了吳岸的幾首詩，但這些作品通過樹木的書寫，已表現了後殖民文學文本的本質。作者改造了傳統描寫風景的中文詩歌的語言結構，使它能負擔起呈現過去的被殖民的經驗。簡單的幾個樹的意象，充分表現出殖民主義的機制（colonization）及獨立後的帝國資本主義的霸權化的過程（imperial process），通過本土化的意念，表達了「他者性」與顛覆主題。這種詩與認同於殖民勢力的精英作家，甚至早期歸化的僑居者的作品非常不同。更難得的是，作者通過森林之消失，又帶出一系列的環保詩的作品。⑬

【附　註】

① 　Bill Aschcroft, Gargth Griffiths and Helen Tiffin, (eds.),*The Exp-*

ire Writes Back: Theory and Practice in Post-Colonial Literatures (London: Routledge, 1989), pp.1-14. 中文翻譯，見劉自荃譯《逆寫帝國：後殖民文學的理論與實踐》（臺北：駱駝出版社，1998），頁1-14。

② 吳岸《達邦樹禮贊》（吉隆坡：鐵山泥出版社，1982），頁123-126。

③ 吳岸《生命存檔》（古晉：砂勞越華文作家協會，1998），頁11。

④ 同註②，頁13-15。

⑤ 吳岸《榴槤賦》（古晉：砂勞越華文作家協會，1991），頁101-102。

⑥ 同上，頁28-32。

⑦ 同前註②，頁95-97。

⑧ 同前註⑤，頁5。

⑨ 同前註⑤，頁23-24；101-102。

⑩ 同前註⑤，頁3-4。

⑪ 同註⑤，頁131-134。

⑫ 同註③，頁74。

⑬ 在《生命存檔》詩集中，吳岸對環保意識就更強烈了。

吃榴槤的神話

——東南亞華人共同創作的後殖民文本

古今有關榴槤的文學典籍

榴槤是東南亞各國的果中之王，從明清以來，它就不斷出現在各種書籍中。馬歡《瀛涯勝覽》、王大海《海島逸志》①、黃遵憲《人境廬詩草》②是其中一些最早記錄這種水果的書籍。馬歡說榴槤是「一等臭果……若牛肉之臭。」③

五四新文學運動以來的白話文學作家，如許傑《椰子與榴槤》、吳進（杜運燮）的《熱帶風光》④、秦牧《花蜜和蜂刺》⑤、鍾梅音的《昨日在湄江》⑥，也有很有趣的記述。在東南亞各國的華文文學中，舊詩詞與新詩作品中，有關榴槤的描述則更多了。唐承慶編的《榴槤詩話》、潘受的《潘受詩集》中的詩詞、吳岸《榴槤賦》、王潤華的《橡膠樹》，小說與散文作品如周粲的《榴槤樹下》、碧澄《最後一顆榴槤》、永樂多斯的《永樂隨筆》、王潤華的《秋葉行》，隨手翻閱一下，都可找到有關吃榴槤的神話。⑦

西方的作家或旅行家，也留下許多描述榴槤的文字，對他們來說，更富傳奇性。⑧我這裡謹以一首潘受的舊詩⑨作為吃榴槤神話的開始：

榴　槤

犯瘴衝炎角長雄，眞成王者果林中。何妨魏武形骸陋，差

與桓溫氣味同。滄海爭誇餐巨棗，美人笑擘損春蔥。紛紛
典盡都縵日，抵死留連尚諱窮。

醜陋的國王：榴槤

在東南亞各國森林地帶的公路兩旁，隨處都可看見熱帶果樹
青翠的蹤影。在新加坡、馬來西亞、泰國、印尼，或菲律賓，常
見的水果就有約二十種，像人心果、紅毛榴槤、波羅蜜、洋桃、
木瓜、酸柑、榴槤、山竹、郎薩、杜果、芒果、紅毛丹、番石榴、
水雍、香蕉、鳳梨、柚子等等，在鄉村地區，水果與人民每日的
生活有著極密切的關係。水果常用來治病，用來炒菜，幫助家中
的經濟收入。下午天氣炎熱，人們都喜歡在屋外果樹下談天或午
睡。這些地區，水果種類不但繁多，每種水果的品類也多，像香
蕉，在新馬常吃的就有幾十種，顏色、形狀、大小、味道都不一
樣，所以南洋真是一個水果王國。

可是水果王國的君王榴槤，卻是外形非常醜陋，氣味古怪，
令人看了不敢接近的一種熱帶水果。

榴槤原是馬來名字Durian之音譯，如果意譯，應該叫做刺
果。榴槤的形狀，有的渾圓，有的橢圓，小的如木瓜或鳳梨一般，
大的如人頭。小的有半公斤多重，大的重一、二公斤以上，果皮
滿生尖刺，刺長者有一點五釐米，非常堅硬，也很尖銳，所以不
能把榴槤捧在手上，通常是提著其頭部約一吋長的粗壯的梗。吃
榴槤，被它的刺刺傷手，那似乎是應該付出的一種代價，受傷的
人絕對不會咒罵榴槤。⑩

榴槤樹是一種熱帶落葉喬木，它的原產地，大概是馬來半島
和婆羅洲。現在以馬來西亞和泰國出產最多。以果核種植，需要
九年才開花結果，樹身挺直，可高達三千多釐米，除了椰子之外，

可能是熱帶最高大的樹木，而且也最長命，普通一棵榴槤樹可在
五六十年內繼續開花結果。站在高大的樹下，我深深地感覺到自
己的渺小。

　　新馬的華人中，很多人迷信榴槤是鄭和下南洋時，在森林中
餘留下的一泡尿屎所變成。說得難聽一點，榴槤殼內的肉，就像
一小堆一小堆的糞便，安置在小舟一樣的莢裡。⑪

不可用手採摘，需要讓它自落

　　榴槤樹每年開花結果一次或兩次，成熟季節有兩次，第一次
在六七月間，第二次在十一及十二月間。從開出小小的米黃色花
朵到長成碩大的果實，前後需要三個月。其他一切熱帶水果，都
可以或需要在完全成熟前，以人工採下來，然後在運往市場途中，
讓它繼續熟透。可是榴槤卻不能讓人爬上樹去採摘，它熟透了，
會自然的墜落地面（聽說泰國榴槤有例外）。鄉下老百姓都相信，
榴槤一旦被摘離樹枝後，就不能繼續成熟，所以在新馬地區，沒
有「採榴槤」這一回事，只有等候榴槤落地。據說榴槤很有人性，
天生非常小氣。以手採下的榴槤，它的肉一定半生不熟，吃起來
不甜也不香，像吃品種很差的番薯一樣。人稱這種榴槤為「生番
薯」。不但如此，果子被人採摘過的榴槤樹會受創傷，從此以後，
生產的榴槤就半生不熟，而且不太會結果。南大雲南園有一棵近
二十歲的榴槤樹，一直沒有生產，有時出現幾個，不過也不能吃。
一位同事告訴我，因為早期樹上的榴槤被人用手採摘，從此便成
殘廢的榴槤樹。

　　小時候，我在馬來西亞霹靂州的家有一個橡膠園，隔鄰有兩
畝的榴槤園。在一個榴槤成熟的季節，有一天來了一群野猴子，
牠們爬上一棵近百尺高的榴槤樹，把正在成熟期的幾百個果子摘

下來，因為榴槤落地後，便停止成熟，結果使園主損失重大。後來那棵榴槤樹真的常常結出半生不熟的榴槤。小時候，媽媽也常說，如果在榴槤樹幹上砍它幾刀，或釘上一枚鐵釘，那棵榴槤便再也不結果，或結出半生不熟的榴槤。

住在新加坡與馬來西亞鄉村的人，都深深地記住這些禁忌。我們都知道榴槤樹是最小氣的樹木。

傳說中的神果，好像長了眼睛

榴槤結實成果時，小小如荔枝，滿身的尖刺就長起來了。成熟時，每個榴槤都有一公斤至二、三公斤重，垂吊在粗壯的枝幹底下。成熟時，由綠色變成土黃色，表皮上的刺之距離稍微疏遠，也沒有小時那樣尖銳。榴槤的肉比木瓜的瓤還要柔軟，但是深藏在一釐米左右厚堅韌的殼內，即使從一百呎的樹上落下，也不會摔壞。

第一次看見高大的榴槤樹，和橫排地掛在粗大枝幹下有尖刺的榴槤，每個人一定會聯想到，萬一榴槤墜落，擊中地面上的行人，不是會腦漿塗地嗎？可是，本地長大的人，都未曾聽說過有人被榴槤擊中的意外。我小時在馬來西亞唸書。在榴槤飄香的季節裡，天天從榴槤樹下走過，我們對榴槤有一種迷信，認為它是一種神果，榴槤都長了眼睛，不會盲目地掉落在善良的老百姓頭上，除非那個人罪孽深重。

小時候，我對榴槤也有這種迷信。原因不但自己上學和回家都要從榴槤樹下經過，更看見榴槤成熟時，榴槤園都有收集墜落榴槤的看守人，他們用亞答葉（新馬鄉村地區的木屋，多用這種像椰子樹葉的植物做屋頂）蓋一間小屋，當作臨時的棲身之所。他們日夜在樹下巡視，可是卻從來沒有發生過意外。其實比較科

學的解釋，是因爲榴槤墜落有一定的時間，通常是在夜晚，白天如果刮大風，下大雨，偶爾也會在中午時分墜落。

身價最高的經濟價值

在新加坡，由於社會迅速走向工商業化，榴槤已逐漸消失。今天在馬來西亞野外的公路上，每逢榴槤飄香的季節，到處都可看見路邊果實纍纍的榴槤樹，路旁常有用竹竿和亞答葉子架成的小攤位，擺了一堆堆有刺的榴槤。鄉村地區的住家附近，橡膠園中，經常都疏疏落落地種有三幾棵榴槤樹，這些樹常常是無意中長成。平時吃了果肉，隨手把果核扔到門外或窗外。在開花結果之前，是自生自滅，可是一旦果實纍纍，村民便對它另眼相看。當然除了點綴著農家的榴槤樹，還有一些是大規模的榴槤園，通常都在橡膠園的周圍種植。

榴槤之所以爲果中之王，除了種種傳說、香味、古怪之形狀之外，其中一大原因，是因爲它的價錢最高。中小型的榴槤，直接向路邊的主人買，一個至少也要二、三美元。通常一個人需要吃兩個才過癮。

鄉村人家，如果屋邊有三幾棵榴槤樹，一年兩季，他們便能過比較寫意的生活。一棵榴槤樹至少可生產三四百個榴槤，每個三美元，則對鄉下生活，可大大改善了，所以水果之王，它是照顧了老百姓的生活，才被大眾推舉出來當國王。

榴槤出，沙龍脫

「榴槤出，沙龍脫」，是華族用來形容馬來人或娘惹嗜好吃榴槤的瘋狂程度。（沙龍是馬來民族傳統的衣著，衣褲兩用，平時多當褲子穿。）它的意思是說，榴槤成熟時，爲了買榴槤吃，

沒有錢，也得把褲子當掉換上錢買榴槤。其實多數久居本地的人，都會有同樣程度的嗜好。我剛從美國回來的那幾年，有榴槤上市時，每當吃慾一發作，便要立刻駕車進城，到牛車水的街邊買幾個回來，雖然來回要兩小時，汽油也要花上幾塊錢。

最令外地人奇怪的是此地很多人把榴槤當作正餐來吃，或者以榴槤肉拌飯吃。榴槤大概是最能抵抗飢餓的一種水果吧。

臭氣沖天的垃圾，也一片芬芳了

榴槤雖然價錢昂貴，卻始終不能登「大雅之堂」。在新馬的豪華旅店，大餐廳門前都陳列了一堆熱帶水果，可是水果之王永遠被排擠在外。它所以被禁止出現在大飯店或超級市場，那是由於榴槤成熟後具有強烈、濃厚的香味。只要有一個成熟的榴槤，即使還未打開，它強烈的香味便充滿一間大建築的任何角落。

我以前住在新加坡園景大廈裡，這座公寓共有十層，我家在六樓。樓上樓下，如果有人在屋裡吃榴槤，我在屋裡也可以嗅到它的香味。我對榴槤的吃慾，常常就是從別人家飄來的香味所引起的，有時那些香味是來自垃圾箱呢。

榴槤的肉被人吃了，遺留下多刺的殼還是一樣芳香，如果把它拋棄在野外，二三個星期，其氣味仍然不消失。因此榴槤飄香的季節，炎熱下的垃圾原來都是臭氣沖天，可是中間因為屬雜了一些榴槤殼，也變成一片芬芳了。只有吃榴槤的日子，我不必掩著鼻子走過任何堆積垃圾的地方。

榴槤吃進肚裡，香味仍然外溢

我以前唸的小學是一間鄉村學校，教室外就是一片有農家的橡膠園，其中種了不少熱帶水果。一天近中午時分，我們正在上

最後一節的作文課。突然，我聽見隔了一個操場外有親切的、熟悉的榴槤落地的聲響，我們對附近的果樹的位置都很熟悉，一聽就知道榴槤是從哪一棵樹落下。那時作文老師剛剛出去了，一個同學馬上搶著向樹林飛奔出去，一會兒便笑嘻嘻地提著一個榴槤回來。他在我們羨慕的眼光下，將榴槤放進寬大的抽屜裡。老師後來回到教室，一下子就追問誰把榴槤藏在教室裡。榴槤的香味，就是如此強烈，沒法子把它藏起來。

　　唸中學時，有一次假期，我和姐姐在黎明前就抵達我家的橡膠園。當我們發現隔鄰的榴槤園靜悄悄一片，我們便知道看守人還未前來收集昨天夜裡墜落的榴槤。我們於是很貪心地去偷了二十多個，藏在我們膠園裡的一個灌木叢中，而且還用枯葉敗草埋藏起來。想不到那位馬來看守人來了後，發現其中最好吃的兩棵榴槤樹下，竟沒有一個榴槤，便猜想到一定是給附近橡膠園的人偷了。他於是在周圍的膠園巡視了一趟，後來跟隨著榴槤的香味的線索，他很容易的就從草叢裡取回被偷的榴槤。

　　即使你把榴槤吃到肚子裡去，味道仍然不能藏起來。因為當你吃了榴槤，漱過口，刷過牙，那股氣味還是從呼吸中流傳出來。有一次，我吃了榴槤就匆匆去開會，結果在小小的冷氣室裡，充滿從我肚子噴出來的榴槤味，使在座的其他四個人，互相顧盼，互相猜疑，使我非常尷尬，從此以後，當我要外出之前，絕不敢再吃榴槤。

被形容成爛牛肉、雞屎一般的異味

　　榴槤所發出的香味是最傳奇的。本地居民，一聞到它，往往垂涎三呎。喜歡它的人，都認為榴槤的香味勝過世上任何水果。可是對絕大多數外地人來說，榴槤的香味會變成臭味，遊客一嗅

到，便匆匆掩鼻走開，那股氣味使異鄉人感到噁心。初來南洋的華僑，像明朝的馬歡，形容榴槤「若爛牛肉之臭」，現代散文作家鍾梅音則說它有「雞屎臭」⑫。白人多形容榴槤味如腐蔥味。當然也有例外的。西方旅行家華萊士，認為如果西方人到東方來旅行，能有機會嚐一下榴槤之香味，整個旅行就值得了。早在十六世紀時，旅行家林斯特，就向西方推薦榴槤為世界最芬芳的水果⑬。

早年南來的華僑都迷信榴槤有一種魔力：華人移民一旦吃了榴槤，便留連忘返，落籍南洋，關於我家在南洋，我的母親也是這樣解釋。我們的祖父南渡的頭幾年，決心淘金成功後便回家鄉，可是後來吃了榴槤，才死心塌地定居下來。而且住在霹靂州，那是馬來西亞出產榴槤最多的一州。

黃肉乾包是此中上品，吃罷飲酒會一命歸陰

根據馬來人賣榴槤與吃榴槤的傳統習慣，通常是在野外公路旁或大小市鎮的街道。現在年老一輩的人，買了榴槤，馬上叫小販替他撬開，就蹲在道旁或街邊吃起來。即使把榴槤帶回家，也不舒舒服服地坐下來，把榴槤放在桌面上吃，而幾乎都是把榴槤放在地上，大家蹲在地上吃。其實這種習慣所以人人都遵守，是因為把榴槤放在桌上，它尖銳的刺會把桌面割成千瘡百孔。

買了榴槤的人要馬上吃，除了害怕其銳利無比的刺，也許還因為它的殼很不容易打開。鳥獸之中，只有松鼠有辦法吃榴槤，牠細小的嘴可以把刺先咬掉，再把殼咬破，普通人對榴槤不知如何下手。賣榴槤者的功夫卻很高明，他們左手用一塊粗厚的布按住榴槤，右手以一把楔形的木刃或尖刀，插入榴槤尾端，然後一撬，它的殼就在有紋路的地方裂開成幾瓣。一顆顆橢圓形或圓形

的肉整齊地裝在莢內，每個榴槤大約有四莢，每莢有四五顆肉不
等。肉如冰淇淋，以黃色者爲上乘，本地叫「黃肉乾包」。榴槤
落地後馬上吃，則味道最鮮美，放著幾天，味道就大大不同。因
此榴槤不適宜運出國去賣。

　　鄉下人吃了榴槤，就用榴槤殼盛井水喝，據說這樣可以消除
熱氣。同時用殼盛水洗手，可將手上的榴槤味道完全消除，用肥
皂是洗不掉的。榴槤性質熱，有些人吃了，會喉痛、頭痛，或鼻
子流血。一般人吃了榴槤，往往再買十幾個大如橘子的山竹吃。
山竹是熱帶水果之後，性質涼，它成熟的季節和榴槤同時，每逢
有榴槤上市，必有山竹，而且往往擺在一起賣。

　　吃了榴槤後，鄉下人都不敢喝烈酒。據說兩者如果同時或先
後吃了，會有暴斃的危險。我確實聽說過很多這種故事，我有一
位朋友的爸爸據說就是飽吃榴槤之後，又去喝酒，結果忽然死了。

　　我像許多人一樣，雖然不太深信，但從來也不敢故意冒犯地
去嘗試。在南洋出生和長大的我們，早已把果中之王的榴槤當作
神果，對它又尊敬又害怕。許多迷信，許多風俗，我們都默默地
接受下來了。

能引發魔幻現實主義思考的榴槤

　　一九二八年歐洲超現實主義（surrealism）領袖布勒東（
Andre Breton）到了南美，他當時接觸了那裡的現實之後，驚
嘆南美自然社會的奇怪現象，處處都呈現超現實的特質。歐洲超
現實主義作家通過各種文學手段極力追求的東西，在南美現實環
境中，俯拾即是，令人目眩。⑭

　　如果布勒東當時也到過南洋的熱帶叢林地區，他會更加驚訝。
在南洋，更多的現實事物與大自然的景觀，都呈現恍惚迷離的神

話境界，充滿夢幻的效果。怪不得魔幻現實主義（Magical rea-lism）最先在南美的熱帶叢林產生。⑮康拉德（Joseph Conrad）一直強調，熱帶叢林，不管在非洲或是在東南亞，它往往使白人失去文明，尤其道德感，回返原始黑暗的心靈，最後引誘白人在叢林中墮落和迷失自己。因為這種魔力，康拉德才創造出像《黑暗之心》（*Heart of Darkness*）那樣能探索人類心靈意識的小說。⑯

　　我對吃榴槤的神話的形成感到有興趣，因為它的意義很重大。首先它說明熱帶叢林是一個魔幻現實主義的文學發源地，吃榴槤的習俗與故事的形成本身，就是一篇魔幻現實主義的文學作品。當我把記載有關吃榴槤的文字敘述與口頭留傳的故事編集在一起時，它發揮了變現實為夢幻與神話的文學手法。吃榴槤之後，當地人相信，不管用任何名牌香皂洗手，都無法消除手指間的榴槤氣味。唯一有效的方法，是用榴槤殼盛水沖洗雙手。這種固然是出自本土習俗對抗外來科技的本能心理，但已成為當地人接受的生活方式。榴槤果實外皮密生硬刺，重達數公斤，如果從樹下墜落，擊中人頭，肯定頭腦破裂。但偏偏至今沒有因榴槤墜落打死人的傳聞，因此人人相信這種神果長了眼睛，不會傷害人類。榴槤相傳為鄭和下南洋時留下的糞便所生長起來的果樹。這種神話說明華人渴望有一個強大中華民族的心理痕跡。鄭和艦隊遠征南洋與西洋，象徵中華文化的霸權，中國人的威嚴，因此把熱帶果中之王的榴槤與中華文化認同起來。像這類熱帶叢林的事物所帶來的思考方式，很容易引發作家走上魔幻現實主義的小說創作。新加坡近幾十年來，就有一群作家如張揮、希尼爾、梁文福從這種思維方式去表現新加坡的現實社會。⑰

吃榴槤的神話是一種後殖民文學的文本

　　吃榴槤的神話所以值得重視，因爲它本身就是具有後殖民文學（Post Colonial Literature）特點的一種文本。榴槤是本土化的象徵。喜歡吃榴槤的人才會留在南洋永遠居住，落地生根，殖民者與過客都不能忍受榴槤的氣味。它意味著他們不能向本土文化認同，不能擁抱本土。相反的，本土住民由於榴槤是本地區獨一無二的特產，爲別地區所沒有，他們特意尊它爲王，代表本地人擁抱土地的情懷。後殖民文學就以擁抱土地作爲它的一項特點。

　　榴槤季節，俗語說「榴槤出，沙龍脫」，各族人士，紛紛聚集街頭。各族人民在大街小巷，蹲在路邊大吃榴槤，這是各種族最喜歡的食物，榴槤在殖民時期，把被壓逼的各種族同胞吸引在一起，這造成榴槤代表多元文化，多種族社會的象徵。在殖民時期，多元文化是反抗以歐洲爲中心的單一文化意識的一種有力武器，這也是後殖民文學常出現的主題。

　　由於殖民時期大飯店都是由白人所經營，因此規定榴槤不能帶進大飯店，至今仍然如此。這是殖民主義在獨立後仍然殘存的一個最好的證據，這又是後殖民文學常出現的主題。⑱

榴槤把俗文化帶進文學裡去

　　吃榴槤的故事，如果看作一種文學的文本，它也代表文學創作應該把俗文化帶進去，使文學更接近現實生活。吃榴槤的文本，不是單單由文化精英所撰寫的，它是集合了大眾的文筆與口頭流傳的故事所形成，所以它才會形成那樣有深度又有興味的一種文本。

　　【附　註】

① 見吳進(杜運燮)《熱帶風光》(香港:學文書店,1951),頁8-9。

② 黃遵憲《人境廬詩草箋注》中冊,(上海:古籍出版社,1981),頁595-596。

③ 同前註①。

④ 許傑《椰子與榴槤》(上海:1936);《熱帶風光》見前註①。

⑤ 秦牧《花蜜和蜂刺》見《秦牧全集》第二卷(北京:人民文學出版社,1994)中有《榴槤果漫憶》一文,頁351-356。

⑥ 鍾梅音《昨日在湄江》(香港:立雨公司,1957),頁226-229有〈花果的王國〉。

⑦ 唐承慶《榴槤詩話》(香港:藝美圖書公司,1961);潘受《潘受詩集》(新加坡:新加坡文化學術研究會,1997);吳岸《榴槤賦》(沙勞越:砂華作協,1991);王潤華《橡膠樹》(新加坡:泛亞文化,1980);周粲《榴槤樹下》(新加坡泛太平洋書業,1980);碧澄《最後一顆榴槤》(鐵山泥出版社,1988);永樂多斯《永樂隨筆》(吉隆坡:正文公司,1986);王潤華《秋葉行》(臺北:合志文化,1988)。

⑧ 參考前註①,頁8-9。

⑨ 同前註⑦,頁195。

⑩ 黃玉榮等著《星馬水果集》(新加坡:青山出版社,1969),頁1-2。

⑪ 同前註①,頁10。

⑫ 同前註⑥,頁227。

⑬ 見前註①,頁8-9。

⑭ 丁文林〈魔幻現實主義與超現實主義〉,見《未來主義,超現實主義,魔幻現實主義》(臺北:淑馨出版社,1990),頁367。

⑮　關於魔幻現實主義，見*Magical Realism: Theory, History, Community* (Durham: Duke University, 1995)。

⑯　參考王潤華《老舍小說新論》（臺北：東大圖書公司，1995），頁47-170。

⑰　蔡詩盈《新華作家的魔幻現實小說研究》（新加坡國立大學中文系榮譽班畢業論文，1999）。

⑱　關於後殖民文學，參考。Bill Ashcroft, Gareth Griffiths and Helen Tiffin, *The Empire Writes Back: Theory and Practice in Post-Colonial Literatures* (London: Routledge, 1989)。中譯本有劉自荃（譯）《逆寫帝國：後殖民文學的理論與實踐》（臺北：駱駝出版社，1998）。

自我放逐熱帶雨林以後

——冰谷《沙巴傳奇》解讀

一、在異域的叢林回頭對人性與文化作深入的反思

　　世界著名的文化理論家與文學家，多半曾自我放逐到遙遠的異域，他們其中一些人曾冒著危險和痛苦，回來向世人報告探險的事蹟；另一些人在異域感到苦悶，遭受羞辱，然後回頭對人性及其社會，做深刻的反省。俄國文學家杜思妥耶夫斯基（Dostoevsky, 1821-1881）成為「靈魂的偉大拷問者」之前，曾浪跡西伯利亞的蠻荒地帶①，馬林諾斯基（B.Malinowski, 1884-1942）曾到過超卜連（Trobriand）島上部落的社會與土著一起生活，體驗奇風異俗，去發現不同種族的人類，從搖籃到墳墓的差異性。結構主義大師李維史陀（Claude Levi-Strauss, 1908-），曾自我放逐到亞馬遜河流域憂鬱的熱帶雨林裡，在土著的心靈中，挖掘人類文化的深層結構，因而認識西方文明腐敗與荒謬的一面。②人類學家戈慈（Clifford Geertz）進入印尼的爪哇與皸里島的叢林村落與土著生活在一起，才發現本土知識對詮釋文化與文學之重要性③

　　冰谷在1990年也曾自我放逐到沙巴京那巴當岸（Kinabatagan River）的河岸上的原始森林裡。他在那裡前後五年，這本詩集《沙巴傳奇》④中的六十首詩便是說明，他與上述作家有類似的自我放逐與反省經驗。冰谷到了原始叢林，雖然遠離現代人

類社會，卻更接近人類社會與文化，尤其那些荒謬的黑暗面。所以這本詩集，給我帶來許多驚喜。

二、從西方現代主義到冰谷：原始意象磨擦出來的新美學火花

1880年與1890年代是歐洲列強「爭奪非洲」（scramble for Africa）的年代。雖然西方壓抑在西非與東非所接觸到的「蠻夷文化」（Savage cultures），殖民主義者卻爭先恐後搶奪非洲的原始藝術品如面具、雕刻及珠寶。開始這些工藝品只是收藏在民俗或人類博物館的地下窟。到了十九世紀，當這些非洲藝術品拿出來展覽。這些原始意象給現代主義藝術家和作家們，激刺出新的靈感火花，鼓勵他們大膽的去創造激進的，超現實的藝術形象。像羅倫斯（D.H. Lawrence）在1916年寫的《彩虹》（Rainbow）長篇小說，裡面所出現的非洲藝術意象，靈感就是來自大英博物館（British Museum）的收藏品，而畢加索（Picasso）1907年的畫作《亞維農的女人》（Les Demoiselles D' Avignon）中的非洲藝術特色也是來自巴黎的人類博物館（Musee de l'Homme）的非洲藝術品。⑤

現代主義能突然改變十九世紀中產階級思想意識爲基礎的寫實主義美學，主要受到非洲的原始美學與文化所沖激。西方現代主義文本之形成與他者（other），即非歐洲文化的相碰擊，是使到它急速產生的原因。⑥西方現代主義在西方殖民經驗中發現他者的原始美學與文化，使我聯想起冰谷追隨大馬資本家到沙巴開墾的經驗。冰谷接觸的不是非洲的假面具或雕塑，而是原始自然的意象，如電動的鏈鋸來到沙巴的樹林，每棵樹都難逃滅族的災難：

把我頂半壁藍天的綠髮剪除
把我可以呼風喚雨的千條手臂
切離我的身體
讓陽光吸盡我的血脈
再以一炷火
將我的形體
化得灰飛煙滅

就是這種「他者」的意象，引起了現代主義作家與藝術家如羅倫斯和畢加索的藝術幻想力，極端的走向超現實的藝術。沙巴森林中的這種意象，也使到冰谷突然打破中國五四留傳下來的現實主義，大膽的擁抱超現實詩歌。天天生活在原始的藝術意象之中，冰谷終於向傳統又保守的藝術觀念與詩的語言挑戰。

三、落葉最了解我的心事，我喜歡可可和棕油的呼吸

唐代詩人寒山離家出走，經過長途跋涉，排除風煙的阻礙，終於登上寒山頂峰去修煉。寒山將登山比作修煉與重回大自然艱苦的心靈歷程。⑦

欲向東岩去，於今無量年。昨來攀葛上，半路困風煙。

徑窄衣難進，苔粘履不前。住茲丹桂下，且枕白雲眠。

經過苦苦尋道，寒山有一天突然發現自己內心起了變化。眼前的景象也爲之一變，他終於找到了許多迷惑多年的答案：⑧

今日岩前坐，坐久煙雲收。一道清溪冷，千尋碧嶂頭。

白雲朝影靜，明月夜光浮。身上無塵垢，心中那更憂。

我在《沙巴傳奇》中，也看見冰谷在沙巴京那巴當岸（Kinabatagan River）河岸的原始森林裡身心的艱辛掙扎。在中秋節，在荒涼而孤寂的叢林裡，看見半個月亮在沙巴，另半個在

馬來半島：

> 不圓的是
> 中秋晚上清凄的月亮
> 她將半張臉晾在
> 樹梢濃密的葉叢裡
> 另半張　　也許掛在
> 我家老屋的簷前

（〈半個月亮的中秋〉）

　　那時他就如《尋》中的朋友，還在四處奔跑與尋覓，嘗試把生命的種籽播在沙巴土地上：

> 沿著京那巴打岸河岸
> 你尋尋覓覓
> 一隻腳在岸上
> 試探
> 泥色的深淺
> 另一隻在
> 滔滔的河裡
> 杖量　水的冷暖

　　不過不久以後他感到山中的孤寂已消失，因為他喜歡聆聽棕油、可可樹、以及奇花異草的呼吸聲音：

> 我不會感到孤寂
> 下午很短暫
> 一個人　手中一卷書
> 蟬聲驚走荒涼
> 暮色便倥偬自窗前
> 爬進了我的斗室

這時候　所有的鳥都

收起了翅膀

在山中　一個人

周遭是不盡的綠

棕油、可可和奇花異草的呼吸

聲聲入耳

（〈山中記事〉）

而且叢林中最了解他的心事，就是那些落葉：

蒼密的林間，只有

落葉最了解

我的心事

它在墜地前，必定

先敲我的窗扉

（〈寂寞心事〉）

在沙巴熱帶叢林的冰谷，與大自然相依為命，大自然已成為
他的生活不可分割的部分。譬如會落葉的樹，成為他的日曆：

一棵樹

把張貼在枝椏間的

葉子

當作日曆

一葉一葉地撕

等撕完最後一張

他知道

冬盡了

他要過年

他要新的衣裝

　　　　於是又把新的葉子

　　　　一張一張重新

　　　　貼在枝椏間

　　　　變成一本

　　　　新的日曆

　　　　　　　　　　　（〈樹與日曆〉）

　　冰谷在資訊落後的叢林，卻成爲馬華作家中，擁有最完備的
與原始自然界聯絡的通訊網絡。他是我認識的馬華作家中最接近
自然的作家。這是他付出巨大代價，即自我放逐到原始叢林後的
意外收獲。我讀《沙巴傳奇》最先最大的驚訝，便是他所傳遞來
自大自然深處的複雜訊息。

四、原始雨林中的過溝菜、可可樹 都是詮釋文化的象徵符號

　　冰谷帶著祖先自我放逐南洋的經驗，也自我放逐到沙巴森林
裡去開墾。憂鬱的熱帶雨林邊陲作家的心理，自然萬物的啓發，
促使他對文化社會作更深層的反省。原始森林中的過溝菜（冰谷
稱爲「芭菇菜」）⑨、可可樹都是絕好的本土知識，詮釋社會文
化的象徵符號。譬如過溝菜的嫩葉子裡，就隱藏著人類殘忍的行
爲的回憶。他在〈芭菇菜〉中，看見當芭菇菜舉起柔弱的手掌，
便被人類折斷，成爲餐桌上香脆可口的菜肴：

　　　　荒野上　草叢裡

　　　　冒出

　　　　遍地的生命

　　　　平凡而低賤

　　陽光雨露之外

　　不需肥料便能

　　迅速蔓延的羊齒植物

　　當你纖柔的弱掌

　　自心臟

　　緩緩舉起

　　五指來不及舒展

　　就被無情的巨手

　　扭斷

　　變成一鍋芭菇菜

　　而人類卻狡猾的把屠殺罪名推給無辜的羊群，因為人稱它為「羊齒植物」，而羊實際上從不嚼吃過溝菜：

　　因此注定了

　　你的命運

　　不能向上高攀

　　成長為一株

　　可遮風擋雨的樹

　　你無法享有自己的蔭涼

　　名是羊齒植物

　　羊其實從不嚙吃

　　配以椰漿辣椒

　　你乃鄉人餐桌上

　　一道

　　香脆爽口的美味

　　從過溝菜的遭遇，冰谷才想起自己也成為深山的一株羊齒植物：

在沙巴蒼茫的深山裡
我也是一株
羊齒植物
等待拗摘　烹成一碟
芭菇菜
任時間品嚐

冰谷在京那巴當岸河流域的叢林中，仍然目睹現代文明的功利、現實與經濟利益的慾望，橫行霸道，四處「屠殺」原始植物，造成生態環境的危機。〈樹的悲哀〉的第一節詩便是樹木的控訴：

一記驚動山獄的巨響
天在搖　地在搖
而斧手們仍然張牙舞爪
以鏈鋸的鋼齒
將我的戇直分得
七零八碎
把我頂半壁藍天的綠髮剪除
把我可以呼風喚雨的千條手臂
切離我的身體
讓陽光吸盡我的血脈
再以一炷火
將我的形體
化得灰飛煙滅
讓不能自然獨立的可可
占據屬於木族的腹地
讓多果實的棕櫚
耀武揚威

　　可是過了不久，棕油與可可的市價行情暴落以後，它們也遭
到相同的命運。冰谷詩中的山藤被人砍伐，拿去製造高級住宅客
廳的家具，讀來使人傷心：

　　莽莽的林間
　　藤族
　　以蛇的姿態
　　攀援
　　不斷繞纏
　　向上
　　欲窺視
　　太陽溫暖的天空裡
　　雲彩幻變的奧義
　　藤族的蔓
　　一味盲目地伸延
　　一棵直沖雲霄的大樹也好
　　一臂欲折的枯枝也好
　　一枝搖搖欲墜的小灌木也好
　　只要足以勾搭　便不惜
　　高攀
　　從不提防背後
　　採藤人
　　突然殺出
　　攔腰的一斬
　　身分數段之後
　　根叢只有忍氣吞聲
　　作另一回合的攀援

　　　　　　　　　（〈攀援植物〉）

　　在〈蒼蠅與果樹〉一詩中，作者描述芒果樹開花時，果園主
人邀請蒼蠅來採摘花粉：

　　　　我的名字

　　　　累積了長久的荒涼

　　　　和記憶深刻的污點

　　　　如今受邀

　　　　　　出席滿林翠綠的盛宴

　　　　只因了我懂得

　　　　　　花朵的語言

　　原來蒼蠅能爲芒果花傳播交配花粉，其他昆蟲因芒果花有漆
酸，不愛採集。可是一旦芒果開花結果後，主人即用殺蟲劑將蒼
蠅殺光。同樣的，可可樹、橡膠樹，荒謬的結局，集體被「屠殺」，
是整個人類命運的縮影，原因很簡單，只爲了經濟利益的要求，
人類破壞了生態環境，也破壞了整體的和諧，造成危機。在〈樹
的悲哀〉中，森林中的大樹被砍伐是爲了種植有經濟價值的植物。
可是過了不久，可可的經濟價值大落之後，又遭到「屠殺」的噩
運：

　　　　今天我已失去寵愛

　　　　我的身體積滿蒼苔

　　　　野獸品嘗我的甜美

　　　　蛀蟲隧道我的枝幹

　　　　大象更以長鼻子

　　　　搖撼我的穩定，當我

　　　　猶在歲月中掙扎

　　　　主人漏夜磨亮了刀斧

　　在我頸背，狠狠一切
　　結束了我短短的一生
　　　　　　（〈可可樹〉）

　　可可樹曾經迷倒了多少功利的商人，從〈可可的風情〉所描寫的「風情」，說明了一切：

　　經過風雨的梳理
　　我小小小小的花蕊
　　在季節的安排下
　　垂掛成顆顆乳房
　　在枝椏間作美麗的等待
　　此刻　　我已丟棄了過去
　　青澀的矜持
　　讓所有接受挑逗的眼睛
　　緊盯
　　我豐滿的搖蕩

　　英國小說家康拉德（Joseph Conrad, 1857-1924）進入東南亞與非洲剛果熱帶叢林，正如《黑暗的心》所描寫的主題，主要是文明與自然的衝突，並藉此呈現人類的良心。他的人物進入原始叢林以後，從歐洲帶來的倫理道德基準、人文精神就消失殆盡，甚至失去理性。因此康拉德除了暴露白人對殖民地之強暴統治及其殘酷剝削，也表現了歐洲白人文明世界的理想主義者，在原始世界的孤獨中，為強烈的大自然所震憾，喚起其本惡的人性，導致白人在村落裡幹下道德淪喪的許多暴行與罪惡。[19]冰谷的詩雖然沒有這種複雜性與深度，但是如果我們從這角度去解讀分析《沙巴傳奇》的叢林經驗，則更能了解這些詩已超越現實層面，進入反思人類講求實利的，經濟利益的社會的哲學世界。譬如當我

們閱讀下面這首〈水牛的故事〉，棕油園訓練水牛運載棕油果實，當它年老無力時，就遭到屠殺，這就是另一個詮釋我們以經濟利益為主的屠殺文化的象徵符號。我們的社會設立學校，讓人去接受教育，學的只是實用的技能，不是文化與精神文明。功利主義使人變成一頭牛，在主人亮出屠刀之前它是快樂的：

　　一踏出學校的欄杆
　　迎接我的　　除了風雨
　　是一條悠長的彎彎曲曲
　　布滿棘草與泥濘

　　主人手上扣緊雷響的鞭
　　以一張複製的怒顏
　　大清早就逼我
　　　　曳著沉重的車斗上路

　　高高低低
　　排列齊整的
　　油棕　　身上懸掛的累累果實
　　總是你擠我擁地
　　向我撒嬌
　　從它們深橙色的容顏
　　我知道它們
　　已經等得十分心焦
　　想要匆匆跳上我的車斗
　　趕赴一個
　　豐收的盛宴

五、拋出的去的陀螺童年，抽不回掌上

　　冰谷的《沙巴傳奇》不應只當作細膩的叢林故事來讀，它還可以從另一角度來看。除了反思道德，文化主題，冰谷走進熱帶叢林探險的同時，也進入自己的內心世界去回憶和挖掘。冰谷在1990年遠離他的故鄉、妻子，走向沙巴，我從他的詩中知道，他這個旅程是走向自我內心的漫長的回憶與挖掘回憶之旅。下面這首〈我在尋找我的童年〉便是其主題詩：

　　黎明
　　我在尋找
　　我遺落在膠林裡的
　　童年　　黑夜裡
　　有我爸爸的汗滴
　　有我媽媽的淚跡

　　黃昏的時候
　　我在尋找
　　我遺落在井邊的
　　童年　　暮色中
　　有我爸爸的打水聲
　　有我媽媽的搗衣聲

　　到了夜晚
　　我在尋找
　　我遺落在煤油燈下的
　　童年　　暗淡間
　　有我爸爸磨刀的影子

　　　有我媽媽針線的影子

　　　如今　爸爸
　　　隱居在故鄉萋萋的山丘上
　　　媽媽漂泊
　　　在異鄉寂寂的墓園
　　　我日夜尋找的童年
　　　凋謝在
　　　荒涼的歲月裡

　　冰谷發現童年永遠再也不能叫回來，童年不像陀螺可以以一根繩子，把轉動的陀螺抽回掌心。〈擲陀螺〉是《沙巴傳奇》中絕好的傑作：

　　　當你把
　　　掌上的陀螺
　　　連同歡樂
　　　奮力一擲
　　　拋出去　竟是
　　　縷縷童年
　　　當你以一根繩子
　　　把轉動的陀螺
　　　抽回掌心
　　　拋出去的童年
　　　竟不肯
　　　回頭

　　他也回憶到舊時街道兩旁的招牌，本來很多已像「桑葉一般，被蠶吃掉了」，如今卻又：

　　為了苟息
　　漢字　便只好讓
　　日益肥胖的蟹行體
　　騎在頭上
　　且忍氣吞聲地
　　在危機四伏中　漸漸
　　消瘦
　　還可能遭另一場風雨
　　洗脫

（〈招牌〉）

　　在沙巴冰谷還回憶種樹人，母親的墳墓，團圓以及離巢的小鳥。不過他的鄉愁比不上那一大群從菲律賓、印尼來的，傾力推銷貧窮的，每天齊集山打根閃閃路的異鄉人。

六、冰谷遠離城市後：擁抱後殖民與本土的經驗

　　冰谷也許自己也意識到，他這部詩集出現許多離奇的佳作，尤其與他以前的詩作比較。⑪為了讓讀者注意他的新詩作的變化。他以許多朋友如臺灣的林煥彰和新加坡的林瓊寄去沙巴大批書刊，使到他的「文學視野逐漸擴大」為原因，來說明其詩中之新美學試驗。⑫這種說法固然可信，但我覺得並不是最重要的刺激與靈感。冰谷是一個虔誠的讀書人，以前在西馬，他讀的書更多，但他始終緊緊擁抱五四遺留下來的現實主義美學與那些說明與議論性很強的實用語言。遠離了城市以後，長期住在京那巴當岸河岸的原始森林裡，才擺脫來自五四的影響。

　　在以英文書寫的後殖民文學的寫作界，今天大家都意識到，以前殖民地的作家都深受英文經典著作（canon）概念的約束，

只有屬於那些經典作品中的美學與經驗範圍裡的，才能算是文學
作品，因此殖民地許多特殊的經驗，尤其本土經驗，都被排擠出
文學作品之外，最後新馬英文作家都去模仿，把後殖本土經驗排
除在寫作題材之外。⑬新馬華文作家雖然受的不是英文經典作品
的影響，卻至今還是不能完全擺脫五四時代的許多美學與語言的
習慣。冰谷是一位後殖民作家，一直受困於模仿及效法中國的經
典作品，他一直被逼書寫跟後殖民經驗有著重大距離的題材。他
在《後記》中自述從西馬到東馬的沙巴，如同遠去異國，因為他
需要過海關呈現准證、申請居留在工作准證。這是一個極佳的隱
喻，暗示他要進入另一種詩的美學世界也是困難重重。最後在沙
巴熱帶雨林中，冰谷終於找到自己的美學與語言，這是原始自然
界的意象的超自然力量所造成的。

　　唐朝的司空圖離開滿街都是詩人的長安，在華山深山中隱居
期間，所創作的《二十四詩品》組詩，整個詩美學變得非常超脫。
這組詩歌完全超越他原來的作品。近年來由於《二十四詩品》比
司空圖其他詩作優秀，有些學者甚至提出質疑司空圖是否是其真
正的作者。⑭我這篇對《沙巴傳奇》的解讀，其目的至少可以防
止以後學者對冰谷的質疑。

【附　註】

① 參考 Janko Lavrin, *Dostoersky and His Creation: A Psycho-criti-
cal Study* (London: W. Collins, 1920); Edward Carr, *Dostoevwky (
1821-1881): A New Biography* (London: Allen & Urwin, 1949)。

② Edmund Leach, *Lévi-Strauss* (New York: Fontana/Collins, 1970),
Chapter 1; 或中譯本《結構主義之父：李維史陀》，黃道琳譯（臺
北：華新出版社，1976)，譯序，頁17，第一章，1-21。

③ Clifford Geertz, *The Interpretation of Cultures* (New York: Basic

Books, 1973); *Clifford Geertz, Local Knowledge* (New York: Basic Books, 1983)。

④ 冰谷《沙巴傳奇》（新山：彩虹出版社，1998），這本詩集列為《德麟文叢》之三。

⑤ 參考Bill Ashcroft, Gareth Griffiths and Helen Tiffin，*The Empire Writes Back* (London: Routledge, 1989)， pp.156-160；中譯本《逆寫帝國：後殖民文學的理論與實踐》，劉自荃譯（臺北：駱駝出版社，1989），頁170-174。

⑥ 同上⑤，頁156，170。

⑦ 參考陳慧劍，《寒山子研究》（臺北：天華出版事業，1978），頁182（寒山詩都是無題）。

⑧ 同上，頁187。

⑨ 馬來文Paku之音譯，在新山市場上，通常標志寫著Pucuk Paku。王潤華在其詩集《熱帶雨林與殖民地》（新加坡：新加坡作家協會，1999）中有一首〈過溝菜〉，頁30-31，可比較參考。

⑩ 本人有《黑暗的心》（臺北：新潮文庫，1970）的中譯本，有關康拉德描寫熱帶叢林的主題，參考王潤華《從康拉德的熱帶叢林到老舍的北平社會》見《老舍小說新論》（臺北：東大圖書公司，1995），頁47-78。

⑪ 冰谷的詩集有《我們的歌》（合集）（香港，藝美，1962）；《小城戀歌》（吉隆坡：海天出版社，1966）；《西貢，呵西貢》（吉隆坡：遠東出版社，1991）。

⑫ 《沙巴傳奇》的《後記》，頁117。

⑬ 同前註⑤，英文原著，頁88；中譯本，頁95-96。

⑭ 王潤華《司空圖新論》（臺北：東大圖書公司，1989），頁89-122。

重造雨林與神話

——序許福吉詩集《綠葉開窗》

一、抗拒媚俗的寫作潮流：重造雨林與神話

　　交通與資訊科技的革命，造成跨國界的交流如洪水之泛濫，因而形成全球化、地球村之出現，同時也廣泛深入的改變了社會面貌與生活方式，因此作家也必須不斷調整其寫作題材與注意力，才能適應或跟得上時代。目前新加坡作家因為跨國界的交流結果，取材域外風光，沒有深度的旅遊文學四處泛濫。

　　我讀許福吉的詩集《綠葉開窗》，出乎意料之外，我發現他抗拒跨國界交流沖激下產生的媚俗寫作習慣。他每天細心聆聽、觀察、幻想和回憶新加坡的鳥獸蟲魚、雨樹、公路上、天空中的一切事物。從夜間動物園一頭老虎的射殺、擁抱自然保護區內的百年老樹的感覺、到樟宜樹下的兒童遊戲，才是他最關心的題材。正如在〈回歸雨林〉之一〈我們在築造森林〉一詩所描寫，他努力拋開世俗，再造森林，然後去尋找遺失的美麗神話：

　　　　我們遺落白色恐懼
　　　　我們告別紅色憂悒
　　　　拋開世俗一切紛爭
　　　　細說著
　　　　森林轉化
　　　　雨林再循環的美麗神話

　　樹林是空氣的淨化劑，因爲樹吸入二氧化碳，吐出氧氣，東南亞或南美亞遜河流域的熱帶雨林被尊稱爲地球的肺部。沒有它們吐出的氧氣，地球上的一切生物將會毀滅。成功重造森林，我們污染的心靈就會被洗乾淨，大地與人類的心靈淨化之後，人間的神話便會重現。所以在〈紫鷺南來〉一詩中，長久消失的紫鷺終於飛來雙溪布洛天然公園製造神話：

> 爲了實踐前世盟定的和約
> 爲了持續永恒美麗的神話
> 我們飄洋過海
> 順著風與雲的召喚
> 去兌現一次
> 向南飛翔的記憶
>
> 在南方的樹冠上
> 我們留意季節轉變
> 我們尋找愛偶
> 在樹梢上築巢
> 然後戀愛、交配
> 傳承生命
> 那是我們一生最美麗的句點

　　爲什麼許福吉拒絕走出新加坡的土地？〈六眼靈龜〉一詩中的神龜經驗告訴他，如果走出新加坡，將找不到潔淨的沙灘、柔和的月光：

> 多四對眼睛
> 本應多看多行
> 開擴眼界

然非禮勿看

這世界亂糟糟

人心都生病了

長江水曾是我嚮往的地方

一瓢污水

幾度滄桑

迷路了二十四天之後

我只盼望回遊故處

你說我飲水思源也好

你說我縮頭封閉也好

反正這日子

還是得好好活下去

二、超越現實，進入夢幻：探索靈魂深處的詩

在三十年代前後，當寫實主義、為人生而文學成為主流，中國現代作家沈從文注意到，很多作家憑著一個高尚尊嚴的企圖（如為人生），一個不甚堅實的理念（如暴露社會的黑暗）去寫作，結果「所要說到的問題太大，而所能說到的卻太小」。沈從文卻獨自堅持作品不但要表現人事，更重要的，是要表現夢幻現象。社會現象是指人與人間的種種關係，夢的現象，是指人的心或意識的種種活動。把二者分開，人的生命或靈魂就會破碎了。

沈從文要小說家或詩人，超越現實，進入夢象，進入一般作家不能到達的地方，描寫眼睛看不到的狀態，探索人類及其他動物事物的靈魂或意識底層。他的目的是要發現人及其他動物與事物，重新對人事給予詮釋。因為世間的人事萬物的生命與靈魂，都已被現代文明壓得破破碎碎，好的文學作家，得重新用一種帶

膠體性的技巧把它粘合起來。

　　當我細讀許福吉的詩，發現他寫的不只是眼見的狀態，而是超現實，表現官能的感受、回憶、夢幻。因爲許福吉能打開普通作家不能進入的世界。我在上面引述的〈紫鷺南來〉，就表現出紫鷺南來是爲了實踐前世的盟約和持續美麗的神話。在〈虎說霸道〉一詩中，當夜間動物園的一隻老虎跳越圍欄，被亂槍射死後，所有新加坡新聞報紙，都沒有報導老虎的內心夢幻。它是因爲聽見原野的呼喚。獵戶星座的誘惑、才決定回歸大自然：

> 那晚人頭攢動，星光燦爛
> 我一直留意那遠處的獵戶座
> 我的心好想去遠行
> 我的心好想回歸大自然的崇山峻嶺
>
> 我聽到野獸的呼喚
> 我嗅到樹輪的味道
> 我看到空曠的山林
>
> 一切是那麼的順利
> 在這個嚴密的格局裡
> 我竟然如願地離開了圍欄
>
> 在捕射獵殺的行動中
> 開始時我好害怕
> 求饒的雙眼在夜間不停地顫抖
>
> 後來我開始憤怒，而且咆哮吶喊
> 一枚枚無聲的彈頭
> 讓我漸漸地失去理智

而遠方的獵戶座
正張著雙手歡迎我

　　所有記者的眼睛，都停留在現實表面。只有許福吉的詩，能把一隻老虎的生命或靈魂，從破破碎碎中，把它粘合起來。於是我們認識到這隻老虎並不是為了吃人才跳越圍欄，它是為了更美麗的神話才出走的。普通人，包括夜間動物園的專家，都無法認識到這是一頭有靈魂的老虎。

三、回歸最後的自然：樹陌生、水污染

　　許福吉〈虎說霸道〉一詩中的老虎，決心跳越圍欄，企圖回歸原始森林，卻被人以威脅世界遊客生命的安全為理由，把它槍斃。這首詩使我想起沈從文那幾篇小說中的人物。他們企圖回歸山洞，但都以悲劇結束。〈七個野人與最後一個迎春節〉裡，北溪村原是一個世外桃源的原始村落，當政府要在當地設官設局，派軍隊來駐守時，有七個人因反對現代文明的生活，拒絕歸化，便一起搬回山洞中，仍然過著上山打獵，下山與人交易的鄉下人生活。他們還開發了更多的山洞，讓年青的情人回去幽會喝酒。後來當地政府軍隊把七個野人殲滅，加以圖謀叛亂的罪名。

　　七個野人選擇逃回山洞，過著打獵的生活，其他村民因懷念舊風俗，偶而回去山洞回味一下田園風土人情的生活，但都遭到暴力的破壞。這說明現代文明從侵蝕變成屠殺原始人性與古樸的生活方式。七個野人的死亡，象徵原始農村的素樸人性的毀滅，自然生活方式的滅亡。許福吉的老虎之被槍殺，也可以從這角度來解讀。它正代表今天企圖反抗現代文明的人類與動物必然遭到的悲劇下場。

　　許福吉的《綠葉開窗》，還有很多首詩都是以回歸自然為主

題。上述已引述過《回歸雨林》。這首詩，許福吉對現代文明比沈從文要樂觀，所以再造森林，回去原始雨林擁抱百年老樹，及紫鷺南飛，去尋找神話，結果都成功。〈回龜〉中的海龜在五百年後再回返新加坡的東海岸沙灘，發現海水依然蔚藍，月光依然柔和，雖然海灘多了高樓華屋，它又在此產下一百個蛋。但那一群候鳥回去雲南園尋找那些相思樹，就沒有那樣幸運了，它們發現所有的樹都是陌生，德士與地鐵都不知道雲南園的存在。而那只六百多年的神龜，由於「世界亂糟糟」，江水都受嚴重污染，拒絕回歸自然，寧願永遠躲在三聖宮裡。

四、推翻大敘事傳統，採用小敘述的後現代詩

從《綠葉開窗》的四卷題名，《鳥獸蟲魚》、《回歸雨林》、《綠葉開窗》、《詩畫茶園》及《童思童事》，我們可以看出許福吉的詩歌題材甚至形式，雜混不一，從報紙上的新聞、電視媒體、畫展到電影、回憶，取材多元化，是多元文化社會生活的總匯。讀這些詩，令人產生歷史、時間、空間的錯位感。形式、內容與題材的雜混匯流，古今雜陳，最能代表後現代文化藝術的取向。

上面的分析，我們已清楚解讀出許福吉許多詩中的懷舊感。除了回歸自然與歷史的主題，他也常常帶我們回憶往事，〈回歸雨林〉與〈童思童事〉二輯的詩最突出。人類社會進入資訊科技的後現代，歷史感大半喪失，懷舊感便是後現代文化藝術的另一大特徵。對生活在九〇年代的人來說，七〇、六〇、五〇年代已是史前的記憶。所以商業廣告為了吸引人注意，特別喜歡用舊時代的圖片來作宣傳，現代服飾也常常以傳統花樣款式使到它帶著一些懷舊的情調。懷舊感也是後現代文化藝術的特徵之一。許福

吉作為後現代青年人，其作品自然有後現代的風格。

　　《綠葉開窗》的詩集的書名本身就說明，作者常常喜歡以一種新的文化邏輯去敘事，高尚文化與通俗文化雜匯在一起。作者用「回龜」、「虎說霸道」、「鯨艷」那些小市民的語言作詩的題目，而詩的主題多是些瑣碎的生活印象，作者從來不擁抱大傳統、大敘事體，他所寫的都是局部的、部分的、特殊個人的，少數族群所發生的偶然性事件，而且是很破碎的。這種冷漠又創新的詩歌，正是資訊革命時代的新文學品種。新加坡烏節路上的義安城是一座典型的後現代建築，把東西方新風格加上舊傳統，新舊建築材料與革命性的資訊科結合在一起，整座建築強烈的標誌出後現代多元文化思想，而許福吉的〈高島屋廣場〉寫的就是這座義安城。這首詩本身就是一首典型的後現代藝術品：

　　　　是誰高高地

　　　　在海島上

　　　　築構了這五光十色的高聳世界

　　　　躺在屋裡的是一面雄偉的地圖

　　　　所有虛構的城市與國家

　　　　都被我們踩在腳下

　　　　永不言倦的電視大銀幕

　　　　扭轉和散放著

　　　　攪拌均勻的東洋與西洋品味

　　　　逃課的學子

　　　　把青春典當給

　　　　屋內千千萬萬朵盛放的血紅玫瑰

　　　　永遠高人一等

　　　　　　這島，隨著春夏秋冬換裝

　　　這屋，伴著冬秋夏春繽紛
　　廣大的空間
　　氣派的排場
　　在愈來愈富裕的小島上
　　零售著沒落的道德

　　在這座建築，你無法分辨你身居何處？東方還是西方？古代還是現代？你也無法肯定這是一座純商業機構還是文化或娛樂機構？你說人人都很富裕，還是人人都很貧乏？沒有中心思想與主題，永遠像電視大銀幕的景象，迅速變化，這些便是構成後現代的因素。

　　　　　（許福吉《綠葉開窗》新加坡：新加坡作家協會，一九九九）

邊　緣／離散族群華文作家的思考

一、華文文學的大突破

在九十九年的歷史裡，瑞典文學院的諾貝爾文學獎，今年第一次頒發給華文作家高行健。他雖然已定居法國，也已入籍法國，這一點也不影響他作為華人與華文作家的成就與地位。第一位海外華文作家榮獲諾貝爾文學獎，正說明這是華文文學的大突破。①

高行健獲頒諾貝爾文學獎的反應也是歷史性的。在中國大陸，官方與不少作家無法接受高行健獲頒諾貝爾文學獎的事實，除了政治上的理由，還因為大陸一般大眾不認識，也沒有閱讀過高行健的作品。②在大陸，他的書在1989年後被禁止出版與出售，在臺灣、香港及其他華人很多的東南亞各國，在書店也很難找到他的書。知道他的人也不多，讀過他的小說，看過他的戲劇的人則更少了。

因此第一位華文獲得諾貝爾文學獎的突破引發了許多有關世界各國華文文學與中國文學的關係的各種思考與檢討。③

二、主流作家都擁抱國家民族大敘述傳統

在亞洲社會結構裡，到處都可以看見國家的代理機構，所有知識的取得幾乎都脫離不了國家機器的干涉，知識嚴密聯繫著與國家權力相關的文化傳統、歷史記憶、文學遺產、價值觀念。在權力的支配下，文學家都無法避開傾向大敘述的思考方式，因此

主潮文學都滲透了強烈的國家民族、道德正義與英雄崇拜等等大
規模、大格局的價值觀念。④因此夏志清在〈現代中國文學感時
憂國的精神〉中說，中國作家所探索的病態，很少逾越中國的範
疇，多數流為狹窄的愛國主義。他們感時憂國的精神，都只限於
中國及其社會。⑤

　　去年（1999）6月《亞洲周刊》編輯部與十四位來自全球各
地的華人學者與作家，聯合評選出《二十世界中文小說一百強》，
就是反映出這種閱讀文學的美學，這種大敘述的傳統歷久不衰，
永遠不變。⑥

　　百年來的華文文學經典作品，至今還是受著國家權力所推行
的狹窄的愛國寫實主義所支配。《二十世紀中文小說一百強》中，
魯訊的《吶喊》竟奪得自清末百年來，在全球華文作家中最重要
的一百部小說的冠軍。魯迅的第二部小說集《彷徨》也榮登第十
二名。百年來一百部入選小說，強烈說明三、四十年代感時憂國
的寫實主義文學觀念，還是目前全世界華人和華文學者與作家的
高舉的崇高信仰。所以魯迅、沈從文、老舍、錢鍾書、茅盾、巴
金、蕭紅七人的代表作高居榜首前十名。百年來的小說，儘管隨
文學潮流，美學經驗變化無窮，從中國大陸、香港、臺灣到東南
亞及歐美各地區，不論作者住在第一世界還是第三世界，處處還
是展現清末譴責小說中逐形成，魯迅及其同代所推展的人文啟蒙
精神，知識份子感時憂國的情懷與歷史使命感，國族的寓言主題。⑦

　　一百強中的魯迅，說明全球華人集體閱讀與寫作經驗，文化
美學意識，還是受著魯迅神話的支配，因為魯迅神話已形成中國
的霸權論述。五四以來的感時憂國的精神，還是支配著絕大多數
的作家、學者與讀者。因此在一百強的小說中，自然找不到像高
行健那樣的作家的作品，包括諾貝爾特別稱讚的《靈山》。但擁

有電視台宣傳的二月河的《雍正皇帝》、瓊瑤的《窗外》、李碧華的《霸王別姬》都選入百年來一百部優秀作品。還有廣大讀者群的小說，如倪匡的《藍血人》、梁羽生的《白髮魔女傳》，也神奇的高居榜上，因爲百年來唯一突破嚴肅文學的圍牆是通俗的、大眾化的文學。⑧

三、挑戰大敘述：肯定沒有霸權話語的作家

今年獲得諾貝爾文學獎的高行健，很顯然他不接受上述那種美學傳統，也拒絕被通俗文學同化。相反的，他挑戰既存在的國家觀、道德與英雄觀，反對霸權論述。也因此他失去了國家與黨機器的支持，更沒巨大的讀者群。頒獎時的頌辭只是簡單的說明授予他諾貝爾文學獎，以表揚他作品中的普遍價值（universal validity），他所具有的對人類悲苦的洞察力（bitter insights），以及語言的獨創性（linguistic ingenuity），因此他爲華文小說和戲劇開闢了創新的道路（has opened new paths for the Chinese novel and drama）。⑨

文化評論家南方朔認爲高行健獲頒諾貝爾文學獎有極大的時代意義，顯示他代表一些華人作家正走在「向上發展」的氣勢，因爲他敢於創新。南方朔感嘆臺灣作家目前在「故步自封及黨同伐異的內耗下」反而向下發展。⑩

也正因爲一個敢於創新，沒有讀者大眾，沒有國家機器與娛樂商業界吹捧的作家，居然受到肯定，其引發的深層意義，應讓我們再三思考。

四、重新認識英文文學與華文文學的 新地圖：多元的文學中心的肯定

　　目前英文文學（English literature）一詞的定義已起了變化，它不單單指屬於英國公民的以英文書寫的文學，而是形成一個多元文學中心的局面。除了一個本土是英文文學的一個中心之外，今天的美國、加拿大、澳洲、紐西蘭、印度，以及許多以前英國殖民地的亞洲與非洲國家都有英文文學，各自形成英國英文文學的中心，不是支流，各自在語言、技巧、文學觀都與英美大國不同。英文文學的發展，比華文文學更複雜，因為他們的許多國家的作家都不但是非白人，而是其他民族，包括印度人、華人、黑人及混種人。過去一百年來，已有不少非英美作家，非白人的英文作家獲得諾貝爾文學獎。⑪

　　英文文學已發展到這樣的一種新局面：每年最好的以英文創作的詩、最好的小說、最傑出的戲劇，不一定出自英國或美國的作家之手，它可能出自南美、非洲的非白人之手。同樣的，如果我們公平的評審一下，每年最佳的華文小說、詩歌、或戲劇也不見得一定出自中國大陸和臺灣，很可能是馬來西亞或住在歐美的華文作家。

　　今天在歐美澳各地區，以英文創作的華人作家逐漸的抬頭，在英美尤其多傑出者，從暢銷書到最高榮譽的詩獎，像美國Frank Chin, Li-yong Lee, Amy Tan，他們卓越的表現，令白人膽破心驚。最近哈金以小說《等待》榮獲2000年美國國家書籍獎便是一個好例子。在英國Timothy Mo也是年輕英國作家中在暢銷量與知名度，排名都很高。由此看，以後的文學史，不管英國、美國、還是澳洲，恐怕非白人的英文作家，很多都會進入歐美各國的文學史。⑫

　　世界華文文學的版圖也不斷的擴大，目前學者已承認許多國家的華文文學作品具有它的獨特性，美國與加拿大的華文文學作

品有它本土的文學傳統，亞洲東南亞各國更有其獨特的語言、思想與題材。這種發展的新趨勢，會使到華文文學的版圖與觀念大大改觀。要閱讀一流中文（華文）的作品，除了大陸、臺灣、香港、澳門的作品之外，其他國家的華文文學作品也一樣重要。由於這種新的華文文學的出現，由邊緣走向另一個中心，中國、臺灣、香港出版的中國文學選集，如《20世紀中國新詩辭典》（上海：漢語大詞典，1997），《中華現代文學大系》（臺北：九歌出版社，1989），《中國當代散文選》（香港：新亞洲出版社，1987）都收錄中國、臺灣、港澳以外世界各國的華文文學作品。這種文選，清楚的說明過去被漠視的邊緣作家已開始被承認與肯定。

五、全球化與本土化沖擊下，世界華文作家的受肯定

　　由於地球村的形成，又加上資訊科技把世界緊密的連接起來，離散族群的作家，特別是華文作家，一向被邊緣化，目前已開始引起中心的注意了。歐洲重要的文化霸權中心對高行健的小說與戲劇的肯定，表示邊緣性華文作家在全球化與本土性的沖擊中，在多元文化的思考，逐漸被世界認識到其邊緣性，實際上是創意動力的泉源。所以諾貝爾文學獎委員會指出高行健的小說與戲劇「開闢了創新的道路」。同時也指出，高行健的小說有多種聲音（polyphony），也使用不同的文類的表現手法（blend of genres）。[13]

　　邊緣性的、離散族群的世界各地華文作家，他們不是主潮，因為往往不接受霸權話語，又拒絕走向通俗，討好讀者。沒有國家、黨、出版商、及娛樂機構的推銷，同時又不是住在中國的土地上，這些世界各國華文作家連最基本的讀者都沒有。所以高行

健說他只寫給自己看。但是這些作家還是繼續創作,而他們的作品往往擴大了華文文學的視野、技巧、語言與思想感情,因為他們往往住在多元多化的土地上。高行健的被承認,代表這些邊緣性的離散族群作家,會越來越受到中國文化中心及國際間的重視。

【附　註】

① 今年(2000)的諾貝爾文學獎,單單以新加坡的新聞來觀察,就顯得非常特殊,製造大量新聞。第一日第二天(即10月13及14日),《聯合早報》即在多個不同版位,報導了來自斯的哥爾摩的消息,北京的政治性反應,香港及臺灣的熱烈與反省性的報導。從13日起的一個月,幾乎每天都有文章在言論版或《文藝城》。英文的《海峽時報》(The Straits Time, 10月13日有大篇幅的新聞,到了10月15日,策劃了一整版論析高行健的獲獎反應與評論。)

② 10月13日的新加坡《聯合早報》,以《中國指諾貝爾委員會「別有政治動機」》為題,報導中國官方反應。10月14日《聯合早報》以《中國文學界有人斥為「荒唐」》為題,報導北京的反應。

③ 新加坡《聯合早報》10月14日的社論出人預料之外,以〈華文文學的大突破〉為例,肯定高行健的獲獎意義。

④ 陳芳明〈挑戰大敘述:後戒嚴時期的女性文學與國族認同〉,《文化、認同、社會變遷》,何寄彭主編(臺北:行政院文化建設委員會,2000),頁402。

⑤ 夏志清〈現代中國文學感時憂國的精神〉,見《愛情‧社會‧小說》(臺北:純文學出版社,1970),頁79-106。

⑥ 《亞洲周刊》(中文版),1999年6月14-20日,頁32-45。

⑦ 同上註。

⑧ 同上註。

⑨　見新加坡英文《海峽時報》⑩　新加坡《聯合早報》2000年10月14
日第33版的報導。

⑪　Bruce King (ed.), *Literatures of the World in English* (London:
Routledge & Kegan Paul, 1974), pp.1-21.

⑫　參考王潤華《從新華文學到世界華文文學》（新加坡：新加坡潮州
八邑會館叢書，1994），頁245-276。

⑬　同前註⑨。

最後的後殖民文學

——黎紫書的小說小論

　　今年（2000）第四屆大馬優秀青年作家獎，頒給黎紫書，因為她給馬華小說試驗性的創造出截然不同，一新耳目的小說新品種。她開拓了馬華小說的新境界，她是馬華文學朝向建構經典作品時代的獨特現象。

　　黎紫書1994年（24歲）開始嘗試小說創作，1995年以《把她寫進小說裡》獲得第三屆花蹤文學獎馬華小說首獎。1996年以《蛆魔》獲得第18屆聯合報文學短篇小說首獎。1997年，又以《推開閣樓之窗》獲得花蹤小說首獎。今年（2000），再以《山瘟》獲得聯合報文學小說首獎。另外，黎紫書還榮獲國內外其他文學獎。

　　黎紫書的小說，以目前已出版成書的《天國之門》與《微型黎紫書》為代表①，是中華文化流落到馬來亞半島熱帶雨林，與後殖民文化雜混衍生，再與後現代文化的相遇擁抱之後，掙脫了中國文學的許多束縛，再以熱帶的雨水、霉濕陰沉的天氣、惡腥氣味瀰漫的橡膠廠、白蟻、木瓜樹、騎樓、舊街場等陰暗的意象，再滲透著歷史、現實、幻想、人性、宗教，巧妙的在大馬的鄉土上建構出魔幻現實小說。魔幻主義、現代意識流、後現代懷舊種種手法，另外散文、詩歌、小說、都輪流混雜的出現在她的小說中。但是由於她的幻想與本土文化，語言藝術與本土文化結合在一起，黎紫書的小說不像許多現代派小說，心理活動或語言遊戲

太多，而顯得有氣無力。相反的她的小說甚至能把通俗小說的讀者吸引回來看藝術小說，提高藝術小說的可讀性。

在黎紫書的短篇與微型小說中，散文、詩歌、小說、被揉成一體或混雜成一種特殊的語言文字作為表現、敘事媒體。在〈天國之門〉中，我被阿爺在臉上打了一巴掌，受傷嘴角滴在白床上的血「綻放一朵小紅花」，在〈某個平常的四月天〉老李的女兒看見書記小姐與父親在作愛：「膠廠書記小姐的雙腿盤在他的腰上，像一只枷鎖般緊緊扣住了男人」。黎紫書的小說敘述語言超越性別與年紀，像上面小孩的視角，直覺、簡約，帶來新的視覺、詩的內涵。所以我們在她的小說中，發現智性的、感性的、生活的、神話的、幻想的，變幻無常。

黎紫書熱帶雨林的離散族群邊緣話語，後殖民寫作策略，給大馬小說，甚至世界華文小說的大敘述，帶來很大的挑戰。她在自己本土的傳統中，在藝術語言中再生。譬如〈推開樓閣之窗〉，黎紫書的魔幻寫實技巧，產生自怡保舊街場的榕樹、小旅店的魔幻文化傳統。我小時候常常走過這些街道，大街小巷充滿了超現實主義的神話，就如李天葆在吉隆坡半山笆監獄對面蓬萊旅店後的小巷，找到本土窮人的神話②。他們身上都流著共同的神話血液。

黎紫書的小說給馬華小說帶來極大的反省與挑戰。我們應該給予她的小說響亮的承認的掌聲。

（本文原為第四屆大馬優秀青年作家獎總評語）

【附　註】

① 黎紫書《天國之門》（臺北：麥田出版，1999）；《微型黎紫書》（吉隆坡：學而出版社，1999）。

② 李天葆的擎人處女小說集為《桃紅和千記》（吉隆坡：1993）。